Japanese

Platform

日本型
プラットフォーム
ビジネス

野村総合研究所
小宮昌人　楊皓　小池純司
Nomura Research Institute, Ltd.

日本経済新聞出版社

Strategy

まえがき

旧来の「プラットフォーム」と何が違うのか

GAFMAと呼ばれる米国グーグル、アップル、フェイスブック、マイクロソフト、アマゾン、あるいはBATと呼ばれる中国バイドゥ（百度）、アリババ（阿里巴巴）、テンセント（騰訊）、もしくは配車サービスを手がける米国ウーバー、民泊サービスの米国エアビーアンドビー……こうした海外メガ企業の名を聞かない日はないほどに、「プラットフォーマー」のビジネスにおける存在感が高まっている。日本企業でも、コマツ・トヨタなどの大手メーカーが相次いでプラットフォーマー時代に対応する戦略を発表し、注目を集めている。

今までは各企業が独自に製品やサービス、サプライチェーンにおける「Q（品質）C（コスト）D（デリバリー）」の優位性でしのぎを削ってきた。しかし、プラットフォーマー時代のビジネスにおいては、プラットフォーム企業が顧客との接点を持ち、そこから製品選択が行われる。顧客にとっての価値（V）を、プラットフォームを活用（P）し、エコシステムを構成するステークホルダーとの連携・シナジー（S）のもとにいかに提供するかが、競争優位を左右するように変わってきているのである。競争軸が「QCD」から「VPS」へと移っていると言えるだろう。

こうしたプラットフォーム時代において、日本企業として求められるビジネスモデル、「日本型プラットフォームビジネス」について提言するのが本書のねらいだ。

従来、新聞・TV広告やゲーム、不動産仲介、農協、金融マーケットなど、プラットフォーム型のマッチングビジネスは多数存在していた。しかし、デジタル化の進展とともにプラットフォームが担う産業範囲・規模・ステークホルダーが拡大してきており、その結果、顧客の意思決定に及ぼす影響がかつてないほどに大きくなってきている。近年のプラットフォームビジネスの特徴として、以下の4点が挙げられる。

①あらゆる産業領域へと広がっている
②展開スピードが速くなり、規模もグローバルに拡大している
③プラットフォームビジネスを構成するステークホルダー（エコシステム）が広がっている
④顧客の意思決定に及ぼす影響が大きくなっている

こうした時代には、いかにプラットフォームを活用してビジネスを行っていくかがカギとなる。本書では、新しいプラットフォーム時代におけるビジネス展開の方向性を解説していく。

日本企業が取るべき2つのアプローチ

本書における「プラットフォームビジネス」は大きく2つのアプローチに分かれる。一つが自社でプラットフォーマーになる「プラットフォーム展開戦略」（図表1左）である。そしてもう一つが既存プラットフォーマーを徹底的に活用・連携してビジネス拡大を図る「既存プラットフォーム連携戦略」（図表1右）である。

プラットフォームビジネスを検討するにあたり、「自社がプラットフォーマーにならなければ競争に敗れてしまうのではないか」と考える方も多いだろう。しかし、それだけがプラットフォーム時代に取り得る戦略ではないことを、本書においては繰り返し強調したい。

自らプラットフォーマーとならずとも、既存のプラットフォームと連携することにより自社のビジネスを拡大している成功事例は多数存在する。さらに、この2つのアプローチは完全に独立しているものではなく、両輪として回していく、ということも可能である。

図表1　日本型プラットフォームビジネスのイメージ図

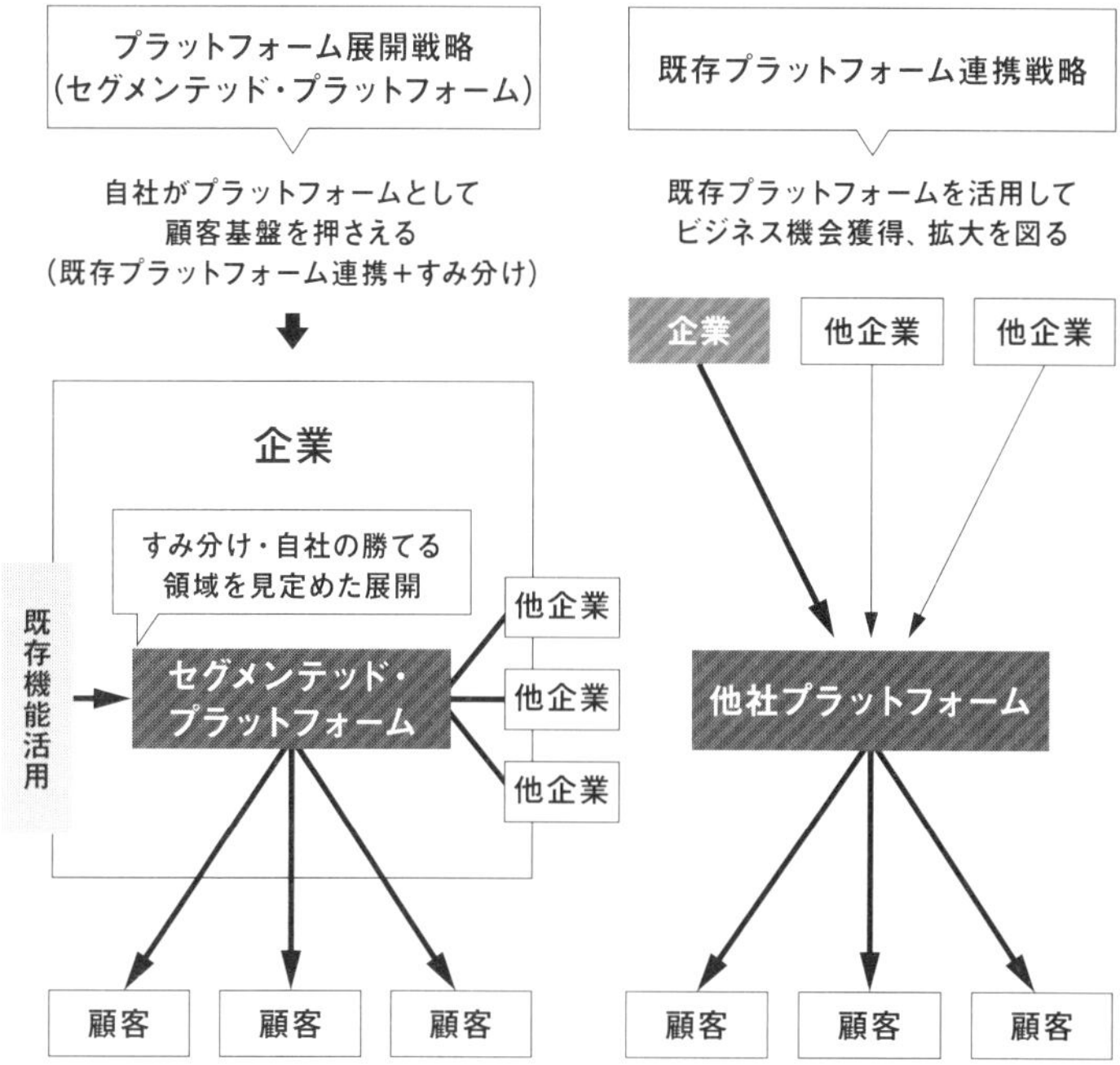

図表2　プラットフォーム時代における意思決定構造

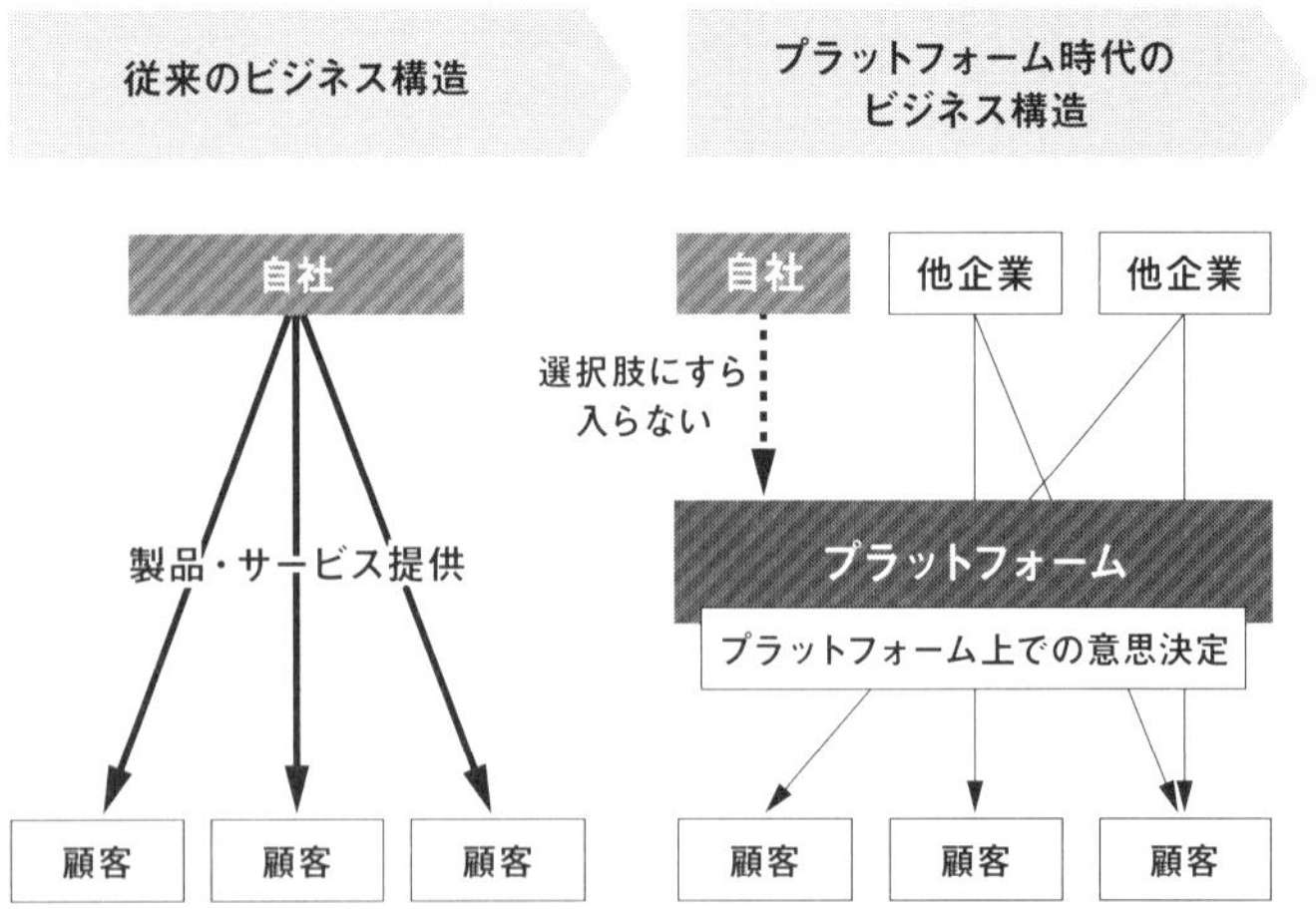

いずれにしても、今後はプラットフォームを意識したビジネスを行わなければ、自社が顧客の選択肢にすらのぼらなくなるリスクがあるのだ。

EC（電子商取引）のようなBtoCだけではなく、BtoB市場においても、プラットフォームを介した顧客の選択・意思決定が広がっている。自社がそうしたプラットフォームへと組み込まれなければ、いかに現在市場シェアが高かったとしても、いずれは顧客の選択肢にすら入らなくなってしまう危険性をはらんでいる。

たとえば近年、工場シミュレーターと呼ばれる工場設計のためのツールの導入が進んでいる。日本企業の市場シェアが高いロボットや生産機器といったジャンルであっても、そのシミュレーターの中にツールとして組み込まれなければ、検討の選択肢にすら入ってこない世界が容易に想像できるだろう。インフラや都市計画の世界においても、同様のシミュレーションプラットフォームが生まれてきている。

このように、プラットフォームを前提に置いたビジネスモデルを検討・構築することができるかどうかが、中長期の生き残りに向けた課題となっていることがおわかりいただけるだろう。

経営と技術の橋渡し

経営層や現場がプラットフォーム時代における自社の経営に問題意識を持っていたとしても、ＩＴの活用を含め、解決のためにどのようなアクションを取るべきか、システムの専門家ではないビジネスパーソンには、なかなかイメージがわかないのが実情ではないだろうか。

逆にＩＴ部門としては、自社が抱えている技術をどのように活用すればよいのか、経営目線で提言できていない、という悩みを抱えているところも少なくない。

本書は、それらのギャップを解消するために、ビジネス戦略の全体像を描きつつ、具体的なアクションまでを、一例ではあるが国内外の成功・萌芽事例を使いながら解説した。経営と技術、戦略と実行の橋渡しとなる存在を目指している。

本書が、日本企業の今後のビジネスの発展に、少しでも貢献できれば幸いである。

c o n t e n t s

2章

セグメンテッド・プラットフォーム戦略

3章

連携戦略①
——チャネル活用

4 章

連携戦略②
——顧客化

5章

連携戦略③
――アプリケーション・機能連携

6 章

プラットフォーム時代に日本企業に求められるもの

Japanese

Platform

1章

立ち後れる日本が取るべき戦略

Strategy

巨大プラットフォーマー時代の到来

プラットフォーマーが変えるビジネス構造

プラットフォーマーとは、「需要者であるユーザーに対して直接サービスを提供するのではなく、ビジネスの基盤となるサービス・システムを供給側に提供するプレイヤー」のことである。その代表例がＧＡＦＭＡである。ＧＡＦＭＡはグーグル、アマゾン、フェイスブック、マイクロソフト、アップルの頭文字を取った言葉である。世界中のさまざまな領域でプラットフォームビジネスを展開しており、顧客の意思決定のツールとして与える影響が大きくなってきている。また各社、新規のスタートアップへの投資・協業を積極的に行っており、自社や出資・提携先を含めると、相当広範囲なビジネス領域をグローバルにカバーしている。

以前は、いかに品質の高いものを安く速く提供できるかが競争優位の源泉であったが、プラットフォーマーの登場により様相は一変した。すべての産業において、いかに多様な顧客接点を持ち、データをもとに継続的な収益モデルを構築できるかが重要になってきたのである。

たとえば自動車メーカーにおいては、部品から車両製造、販売・メンテナンスまで幅広い領域をグループ・ケイレツ会社が担っていた。車両の開発・製造から販売、ユーザーとの接点にいたるまでのバリューチェーン／サプライチェーンにおいて、自動車メーカーが自らの影響力を行使してきたのである。そのため、自力でバリューチェーン／サプライチェーンをどこまで拡大できるのか、「高品質（Q）」「安く（C）」「速く（D）」をどのように実現できるかが勝負のカギであった。

しかし、すでに述べたとおり、その戦い方は大きく変化している。デジタル化により産業はスマイルカーブ化すると言われている（図表3）。これは旧来、付加価値を生んできた生産・組立領域から、設計やソリューション・サービスなどの川上・川下に付加価値がシフトしていく、という現象だ。この結果、日本企業の強みであった生産・組立能力や、製品・サービス自体のスペックといったものの付加価値が、相対的に下がってしまうと想定される。そして、プラットフォーマーたちは、付加価値の高い新たな領域を押さえ始めているのである。

例として自動車領域におけるグーグルなどのITプラットフォーマーの展開を挙げたい。グーグルは、CASE（コネクテッドカー／自動運転／シェアリング／電動化）と呼ばれ

図表3　製造業におけるスマイルカーブ

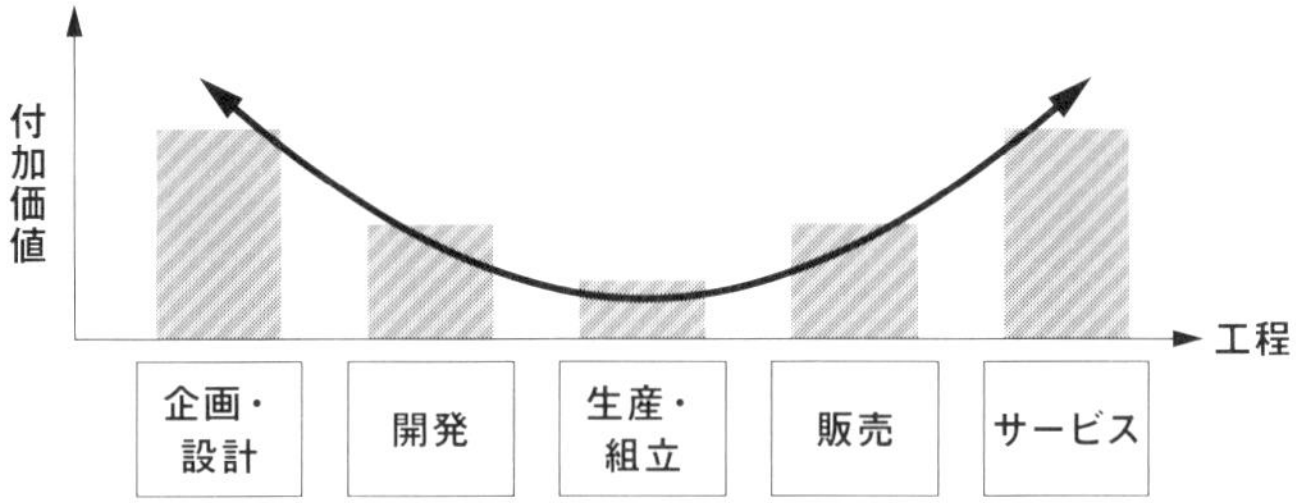

る自動車産業の地殻変動のなかで、一気に主導権を握ろうとしている。

グーグル傘下で、自動運転システムを開発するウェイモが米国で展開している自動運転タクシーサービス「ウェイモ・ワン」を見てみよう。スマイルカーブにおける付加価値の源泉である「上流」の自動運転システムはウェイモが、「下流」のサービス領域は配車サービスのリフトをはじめとしたグーグルのパートナー企業が押さえている。この構図においては、従来の自動車産業のバリューチェーンを握ってきていた組立メーカーが下請け化してしまうリスクがあるわけだ。

こうした状況を受けて、欧米自動車業界においては競争の原理が大きく変化してきた。自動運転や電気自動車などの新技術開発とともに、顧客接点を押さえるプラットフォーム事業を強化するべく、かつての競争優位の源泉であった生産技術部分のオープン・アウトソース化を進めている。欧米では工場のエンジニアリングからハードウェア・ソフトウェアの調達、インテグレーション、試運転、従業員教育までを一貫して請け負うラインビルダーと呼ばれるアウトソーサーが登場してきた。

たとえばドイツのラインビルダーのDürrは、FCA、BMW、ダイムラー、フォルクスワーゲン、GMなどの主要自動車メーカーを顧客に抱えている。欧米自動車メーカーは次世代車両開発のみならず、従来の製造領域からシェアリング・モビリティサービスなどの顧客接点を押さえるためのプラットフォーム展開に、事業の軸足を大きくシフトしてきた。

このように、プラットフォームは産業の競争原理を大きく変化させているのである。

世界中に拡がるプラットフォーマー

産業構造を大きく変化させるデジタルプラットフォームビジネスは、グローバルで急速に拡大してきている。ウーバー（2009年設立）は世界70カ国、エアビーアンドビー（2008年設立）は191カ国で展開しており、設立わずか10年ほどでその勢力を広げてきた。タクシー会社やホテルなどのアセット・リソースを自社で持つことなく、関連するステークホルダー（エコシステム）を活用することでビジネス展開しているため、加速度的な拡大が可能となったのである。

米国GAFMAやウーバー、エアビーアンドビーなどが一気に市場を作り上げたプラットフォームビジネスは、BATなどの中国企業の猛烈な追い上げを受け、さらに新興国現地プレイヤーが参入し、欧米・中・新興国勢の間で激しい戦いが繰り広げられている。

たとえば先述のライドシェアにおいては、米ウーバーが先行しているものの、2012年に設立された中国の滴滴出行（ディディチューシン）や、同年に設立されたシンガポールのグラブの影響力が次第に強まっている。ウーバーは中国事業を滴滴出行、ASEAN事業をグラブに売却した。

これらはECやスマートシティなど、幅広い領域で共通した現象だ。プラットフォーマーを中心とするデジタル企業によって、既存の産業構造を大きく破壊されるディスラプションが、さまざまな業種・業界で起こっているのだ。既存企業はこれらの変化を前提に置いたうえで、いかに自社の競争力を維持・拡大するのか、生き残りを図るのかを検討しなければならないのである。

図表4　欧米・中国・新興国におけるプラットフォーマーの例

	欧米系（国名なしは米国）	中国系	新興国系
EC／マーケットプレイス	アマゾン（世界13カ国でECサイト展開 *ウェブサイト展開国のみ）	■アリババ（190カ国以上でマーケットプレイス展開） ➢ラザダ（インドネシア/東南アジア6カ国展開）を買収	■ジュミア（ナイジェリア／アフリカ等12カ国で展開） ■メルカード・リブレ（アルゼンチン/南米18カ国で展開）
ライドシェア	■ウーバー（70カ国以上展開） ■ボルト（エストニア／34カ国展開） ■ブラブラカー（フランス／22カ国展開）	■滴滴出行（7カ国で展開） ➢グラブ（シンガポール）、ボルト（エストニア）、カリーム（UAE）、オラ（インド）、99（ブラジル）などに出資	■グラブ（シンガポール／東南アジア8カ国展開） ■ゴジェック（インドネシア／東南アジア4カ国展開） ■オラ（インド／4カ国展開）
民泊	エアビーアンドビー（191カ国、600万件の宿泊施設が掲載）	途家（67カ国、100万件以上の宿泊施設が掲載）	Heyholidays（インド／120カ国の宿泊施設が掲載）
フィンテック	■ペイパル（202カ国で展開） ■アジェン（オランダ／20カ国で展開）	アリペイ（110カ国で展開）	■エムペサ（ケニア／10カ国で展開）

注：いずれも2019年11月時点

プラットフォーマーの4つのタイプ

3者以上が存在

プラットフォームビジネスについては、世の中にはさまざまな定義が存在する。本書においては、「供給者（サプライヤー）やその他ステークホルダー（エコシステム）による、需要者（ユーザー）へのビジネス提供の基盤を担う存在」と定義する。IT業界におけるいわゆるPaaS（Platform as a Service）の定義よりも広い意味で捉えていることにご留意いただきたい。

自社と顧客の2者間で完結するビジネスではない。図表5のように、プラットフォームとしての自社、需要者、供給者といった3者以上が関係者として存在することが大きな特徴である。そのうえでエコシステムを形成する供給者、需要者以外のプレイヤーとの相互作用・シナジーを通じてビジネスのインパクトを最大化していくのである。これが既存のビジネスモデルとの大きな違いである。

本書では、プラットフォーマーの主なカテゴリーとして、次の4パターンに分類する。

図表5　プラットフォームの基本イメージ

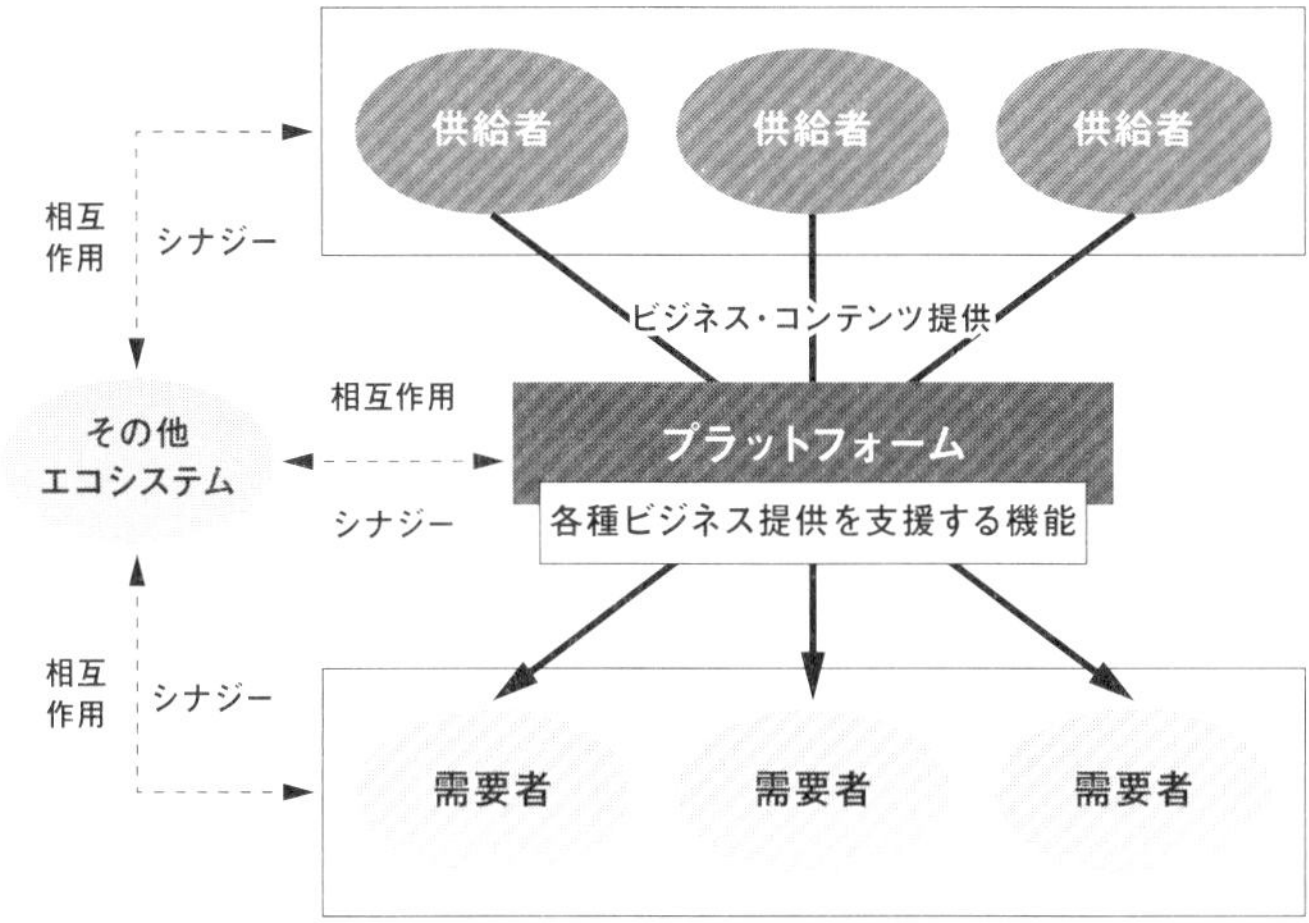

これらの構造を理解したうえで、自社プラットフォーム展開や、他社との連携を含めた、プラットフォーム時代のビジネスモデルを検討することが重要となる。

①仲介型プラットフォーマー
②オープンOS型プラットフォーマー
③ソリューション提供プラットフォーマー
④コミュニケーション・コンテンツ型プラットフォーマー

どのパターンにおいてもプラットフォームにおいて重要となるのは供給

者・需要者による「ネットワーク効果」である。先述のとおり、プラットフォーマーはビジネスの供給者・需要者という2種類のプレイヤーの経済活動を支えている。プラットフォームでは利用者数が増えれば増えるほど、サプライヤーやノウハウ・コンテンツが集まり、利用者の利便性が高まり、さらにその数が増えるというサイクルが生まれる。この正のサイクルを「ネットワーク効果」と言う。

しかし、サプライヤーがある程度確保できなければ、利用者は集まらず、ネットワーク効果は生まれない。顧客が先かサプライヤーが先か、プラットフォームの立ち上げ時期はこの「卵かニワトリか」という問題をいかにクリアするのかが重要になってくる。

タイプ① 仲介型プラットフォーマー

仲介型プラットフォーマーは、商品やサービスの提供を受けたい顧客（需要者）と、提供を行いたいサプライヤー（供給者）をそれぞれネットワーク化してつなぐ「仲介者の役割」を担う。シェアリングビジネスが代表例である。収益源は、マッチングの手数料となるケースが多い。

代表例が移動したい乗客と、自動車を有効活用したい運転者・保有者をマッチングするライドシェアサービスのウーバーや、宿泊したい顧客と遊休施設・住宅など宿泊場所の提

図表6　主な仲介型プラットフォーマー

カテゴリー	代表企業例
本書で取り扱う企業	・AGRIBUDDY（農業IoTプラットフォーム） ・リンカーズ（イノベーションプラットフォーム） ・クックパッドマート（生鮮ECプラットフォーム）
その他代表企業	ウーバー（米/ライドシェア）、エアビーアンドビー（米/民泊）、楽天（日）、メルカリ（日）、リクルート（日）

供者をマッチングする民泊のエアビーアンドビーだろう。

ウーバーは自社のタクシーや車両を、エアビーアンドビーはホテルなどのアセットを持たない。提供したいプレイヤーと、サービスを受けたい顧客をマッチングすることのみをビジネス領域としている。このため、いかに需要者と供給者のネットワークを数多く確保できるかが重要になる。

ただし、成長段階においては、むやみに量を追うのではなく、サプライヤーの質の担保が重要になってくる。たとえばライドシェア運転手による暴行事件などが起こってしまうと安心・安全を求めるユーザーの離反を招く。そのため、シンガポールのグラブなどは、ドライバーと直接面談を行うなど、サプライヤーの質の担保に気を配っている。

また、仲介型プラットフォーマーにおいては、莫大なマーケティングコスト・プロモーションフィーを投下できる場合をのぞき、自社のみですべての需要者・供給者を陣営に引き入れることは困難であるため、それぞれのステークホルダーを束ねて

図表7　仲介型プラットフォーマーの構造(ウーバーの例)

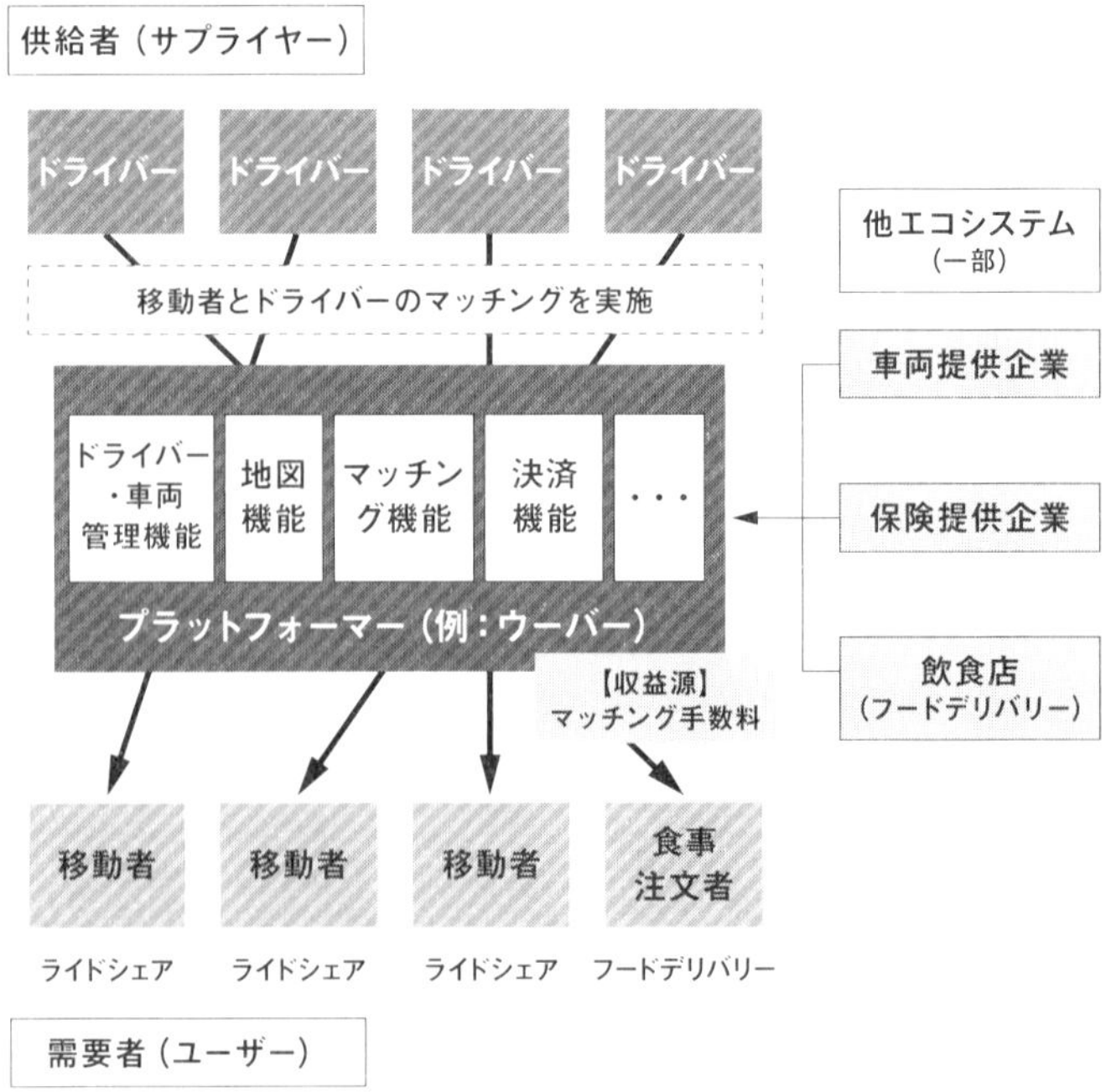

いるキーパーソンと連携することが重要となる。

たとえば、後述するリンカーズは、技術を探している企業と、技術を持っている企業のマッチングを行っているが、技術系企業とのネットワークを持つ産業コーディネーターと連携することにより、プラットフォームのエコシステムを拡大させている。いかに質の高い需要者・供給者のネットワークを構築できるかがカギとなるのである。

タイプ②　オープンOS型プラットフォーマー

オープンOS型プラットフォーマーは、多様なサービスのOSとして機能し、他社アプリケーションを含むサービスを提供するプラットフォーマーである。iPhoneやウィンドウズが代表例である。収益源としては、個別アプリケーション収益からのレベニューシェア（収益手数料）や、利用者からのOS使用料などが挙げられる。

プラットフォーム戦略というと、よくプラットフォーマーがすべてのサービスを提供していると思われがちだが、そうではない。たとえばiPhoneのアプリでいえば、もちろんアップルが開発しているものも存在するが、多くのサービスは無数の外部開発者が提供している。そこでユーザーと、サービス開発者が提供しているアプリケーションをつなぐ存在がマーケットプレイスである。代表例がiPhoneやiPadにおけるアップス

図表8　主なオープンOS型プラットフォーマー

カテゴリー	代表企業例
本書で取り扱う企業	・コマツ「LANDLOG」（建設業界プラットフォーム） ・コニカミノルタ「ワークプレイス・ハブ」（中小企業向けエッジITプラットフォーム）
その他代表企業	シーメンス「マインドスフィア」（独）、アップル「iPhone」（米）、アマゾン「AWS」（米）、マイクロソフト「アジュール」（米）

トアだ。

アップストアの他でも、たとえば世界最大の産業IoTプラットフォームであるシーメンスのマインドスフィアにおいては、「マインドスフィア・マーケットプレイス」がその役割を果たしている。シーメンスの他にも、パートナー企業がマインドスフィア上で提供されるアプリケーションを開発している。

オープンOS型プラットフォームにおいては、ユーザーが増えるとアプリケーション提供者などのサプライヤーが集まり、ネットワーク効果によってさらに魅力的なプラットフォームとして顧客を引き寄せるサイクルが生まれる。そのため、初期段階においては顧客が少ないなかで、いかに魅力的なアプリケーションを提供できるサプライヤーを引き寄せられるのかが重要となる。スマートフォンのOSでは、iOS、アンドロイドに次ぐプラットフォームの座をねらい、多くの企業が参入を試みたが、そこがクリアできず定着はできなかっ

図表9　オープンOS型プラットフォーマーの構造(iPhoneの例)

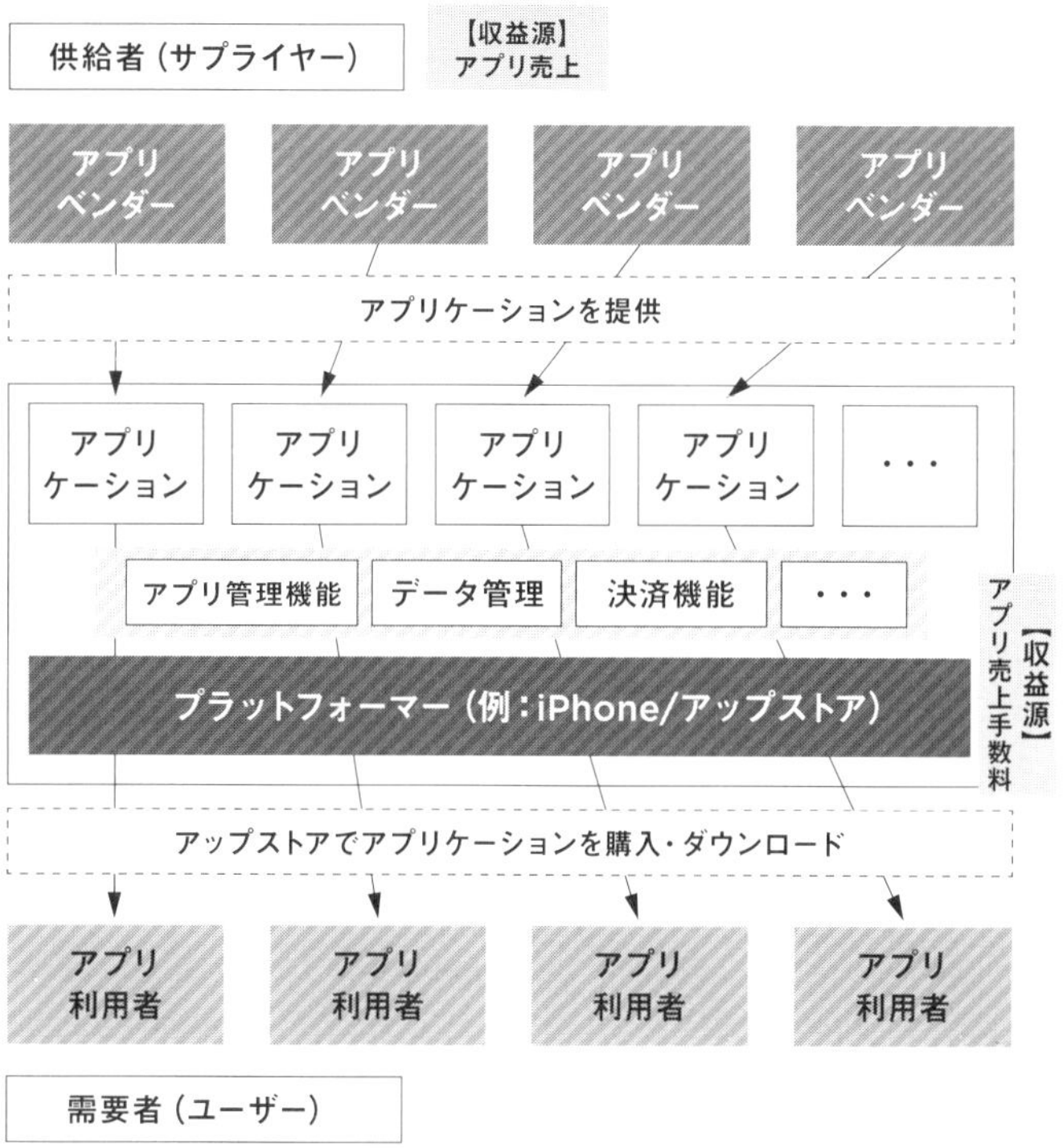

た。

また、提供されるアプリケーションの品質担保も重要である。アップルはアプリケーションの審査が厳しく、健康・人命に影響するものについては、特に厳重な品質チェックを行っている。

前述のマインドスフィアなどにおいても、マーケットプレイスを介して公開・取引されるアプリケーションの精査は特に慎重に行われている。マーケットプレイスで公開されている以上の相当数のアプリケーションが実際には準備・提供されているが、一般公開の基準に満たないものについては関係者間の取引にとどめている。

これらのとおり、質の高いエコシステムをいかに形成できるのかが、オープンOS型プラットフォーマーにとって大きなカギとなる。

また、後述する建設業プラットフォームのLANDLOGにおいては、現場のニーズを知り、問題意識を持っている建設関連企業と、アプリケーション開発ができる企業が参加したエコシステムを形成している。そこでは、たとえばITリソースが足りない建設業者に対してIT企業を紹介することで、アプリケーション開発・展開を支援する、といった取り組みがなされている。

このように、OS型プラットフォーマーは、プラットフォームとしての機能はもちろんのこと、展開される個別アプリケーションが魅力的になるようにプレイヤーの支援をいかに行っていくのかも検討する必要があるだろう。

タイプ③ソリューション提供型プラットフォーマー

ソリューション提供型プラットフォーマーは、特定分野に特化した横断的機能を提供する。他社（供給者）の需要者に対するビジネス活動を、デジタルツール提供により支援するプラットフォームである。収益源としては、個別サービス提供に対する対価や、月額契約などでの定額課金などが挙げられる。店舗の決済機能を担う決済プラットフォームや、ファナック・トヨタなど多くの日本企業が展開・検討している、車両や生産設備を介したIoTプラットフォームがその代表例である。

このプラットフォームの特徴は、提供する顧客や産業が増えるにつれて、データやノウハウが蓄積され、より機能・能力が強化されていくフィードバックサイクルが利くことである。多くの利用顧客がいるプラットフォームは、その実績・ノウハウ蓄積により、顧客基盤をさらに拡大していくという、好循環になる。

図表10　主なソリューション提供型プラットフォーマー

カテゴリー	代表企業例
本書で取り扱う企業	・オプティム農業プラットフォーム「AGRI EARTH」、医療プラットフォーム「AMIAS」 ・「ファームノート」（酪農・畜産プラットフォーム） ・「テラドローン」（ドローンプラットフォーム）
その他代表企業	ファナック「フィールド・システム」（日）、トヨタ「MSPF」（日）、プリファードネットワークス（日／AI企業）、ABEJA（日／AI企業）、アリペイ（中／決済プラットフォーム）

図表11　ソリューション提供型プラットフォーマーの構造

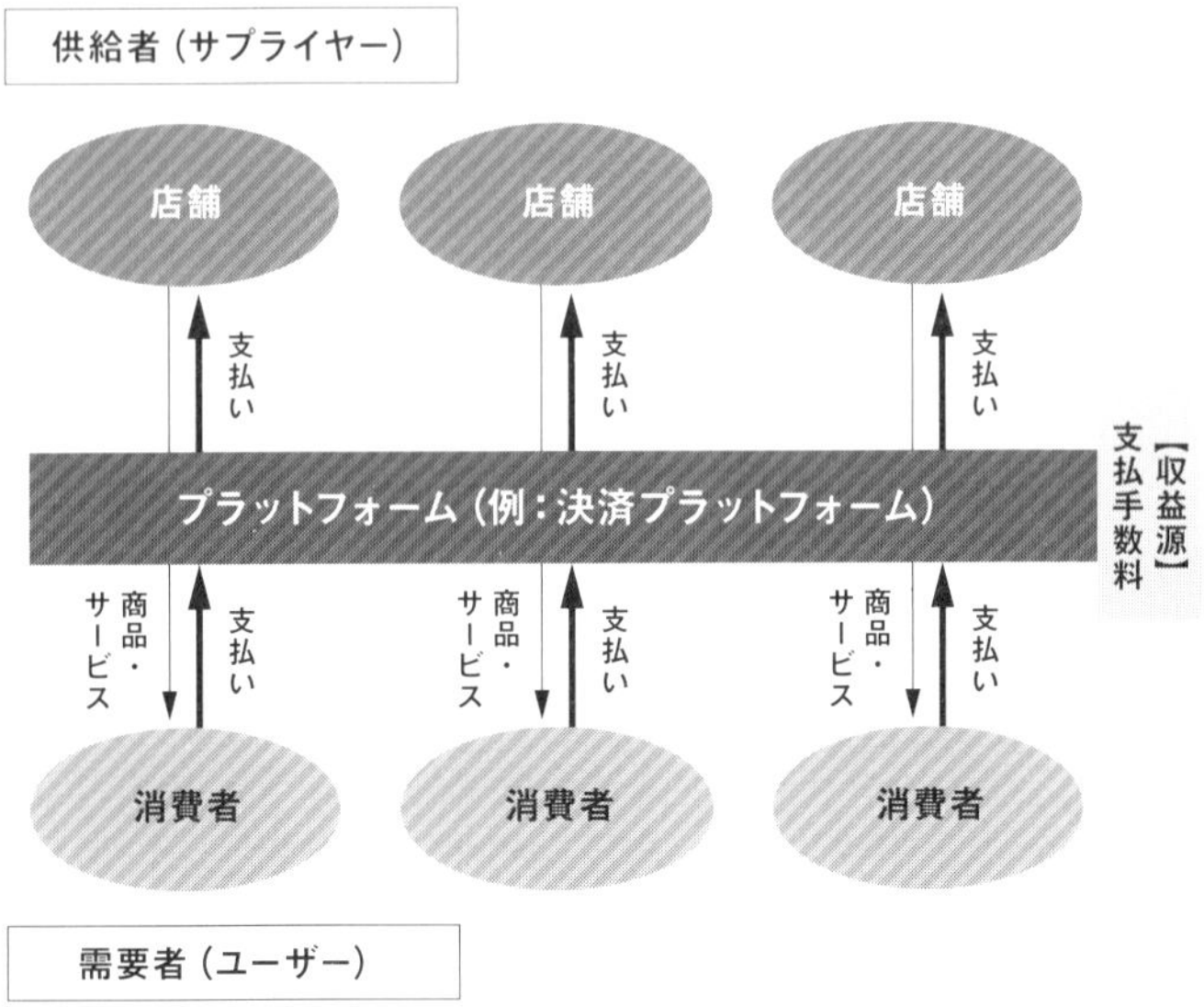

タイプ④　コミュニケーション・コンテンツ型プラットフォーマー

コミュニケーション・コンテンツ型プラットフォーマーは、コンテンツの蓄積により、利用ユーザーが集まり、利用価値が高まっていくプラットフォームである。コンテンツはネットフリックスにおけるテレビ局などのようにプロ制作者が提供するケースもあれば、SNS・動画投稿サイトのようにユーザー自身のコミュニケーションや投稿によるものもある。

図表13はユーチューブの例であるが、ビジネスとしてプロモーションを行う音楽会社などの企業、アクセス数を稼ぎ広告収入を得たいユーチューバー、自らのコンテンツを広く見てもらいたいプロシューマー、閲覧のみ行う個人など、幅広い目的の人々が一つのプラットフォーム上で活動を行っている。収益源としては広告収入や、有料版の月額課金、コンテンツの都度ダウンロードに伴う課金などのパターンがある。

このプラットフォーマーは、コンテンツやSNSなどのコミュニケーション利用者が集まれば集まるだけユーザーにとっての魅力が高まり、ユーザーのロックイン（囲い込み）が強まる。初動においていかに良質なコンテンツ、ユーザー数を集められるかが重要になってくるのである。

図表12 主なコンテンツ型プラットフォーマー

カテゴリー	代表企業例
本書で取り扱う企業	・クックパッド レシピ投稿プラットフォーム
その他代表企業	ユーチューブ（米）、フェイスブック（米）、TikTok（中）、食べログ（日）、アットコスメ（日）、LINE（日）

図表13 コンテンツ型プラットフォーマーの構造(ユーチューブの例)

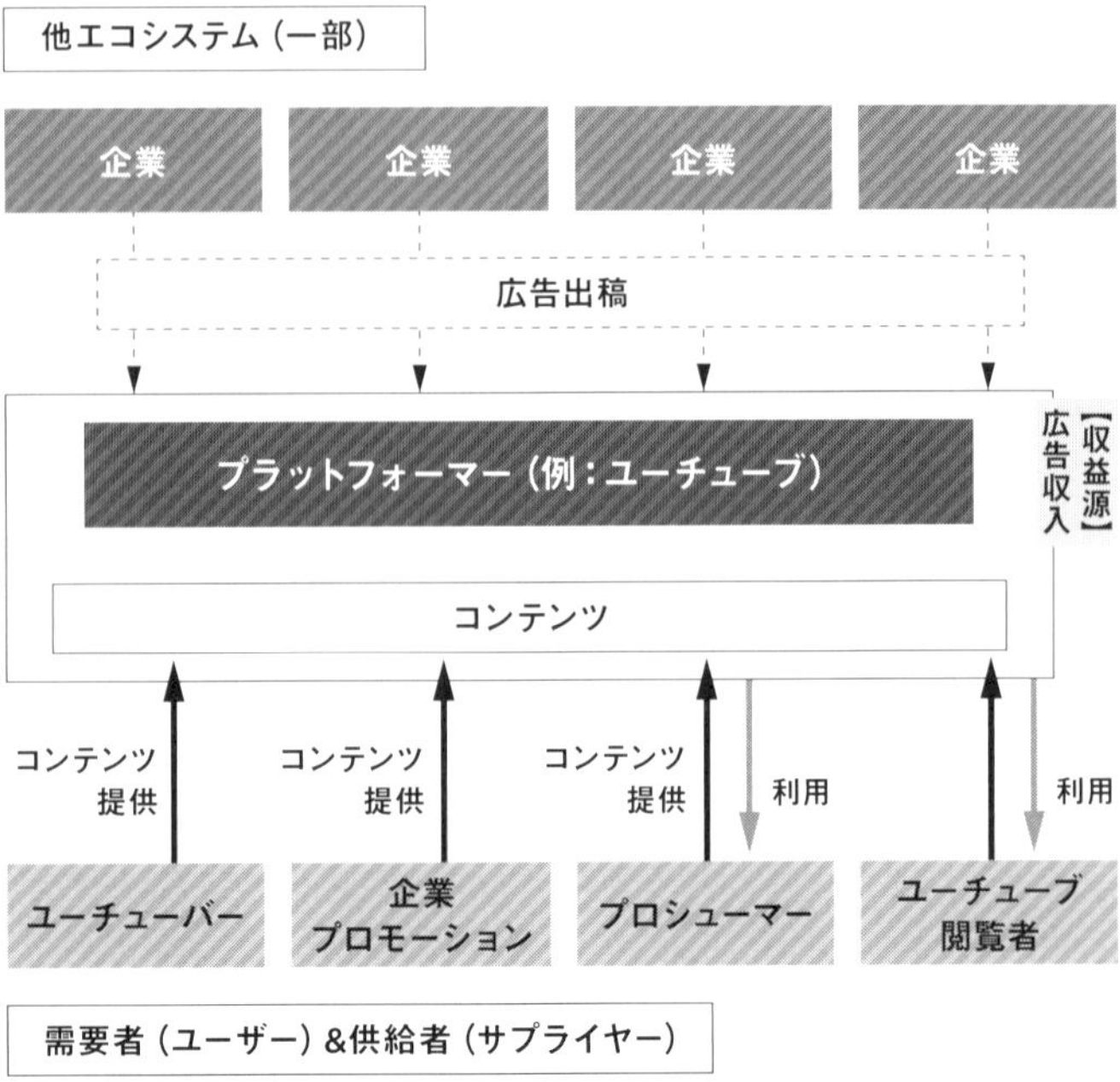

また、コンテンツの運営企業側の努力によるコンテンツの質の担保も重要になる。たとえば倫理的に問題のある動画や投稿があふれてしまうと、ユーザー側の離反を招いてしまうため、適切なマッチングやコンテンツの質について、一定程度の担保が必要となる。

低下する日本企業の存在感

大企業もスタートアップも、相対的な地位が低下

プラットフォーマー時代において、グローバルな存在感を持って戦えている日本企業は少ない。たとえば企業の時価総額ランキングを見ても、上位にランキングされるのはGAFMAや、アリババ、テンセントといった米・中のデジタルプラットフォーマーであり、その中で日本企業の存在感は小さい。2019年11月時点でトップ50にランクインしている日本企業はトヨタ自動車1社のみである。

ひと昔前は、日本企業がトップを席巻した時代もあったが、グローバル化やデジタル化の波のなかで、日本企業全体としての競争力が相対的に下がってきているのである。

既存産業・企業だけではない。競争力のあるスタートアップを生み出せているかという観点でも、日本の存在感は小さい。CBインサイツが発表している企業価値10億ドル以上の未上場企業であるユニコーンの世界ランキングにおいて、上位はほぼすべてが米中のプラットフォーマーで占められているが、日本企業の名前はない。世界中のユニコーン427社（2019年12月時点）の中で、日本企業はプリファードネットワークス、スマートニュース、リキッドの3社のみである。

対応に苦慮する日本企業

日本企業としては楽天市場を中心としたプラットフォーム事業を展開する楽天、2018年に上場を果たしたフリマプラットフォームのメルカリ、世界最大の人材プラットフォームであるインディード買収をはじめ、人材を中心とした情報プラットフォーム化を図るリクルート、後述する建設プラットフォーム「LANDLOG」を展開するコマツ、モビリティカンパニーへの急速な転換を図るトヨタなど、メガベンチャーや大企業のプラットフォームビジネスの展開事例が注目を集めている。

いま、日本企業の多くが中期経営計画などでデジタル化を掲げ、デジタル技術を軸としたビジネスモデル展開を図ろうとしているものの、苦戦しているのが現状だ。経営トップから「とにかくデジタル化を進めよ」「デジタル新規事業を作れ」と言われているものの、どこから手をつければいいのかがクリアに見えていない企業がほとんどではないだろうか。

我々は日々、経営コンサルタントとしてこのようなプラットフォーム時代において、どのようなビジネスモデル展開をすべきかの議論を行うことが多い。そのなかで、相対している企業の担当者からは、下記のような声をしばしば頂戴する。中でも多いのが、①プラットフォーム展開に対する高いハードルと、②ゼロ／100ではない中間解の欠如――である。実際に耳にした声の一例を挙げたい。

①プラットフォーム展開に対する高いハードル

- 「プラットフォーム展開をしている企業は、すべてを自前で提供しているのだから、巨大な企業でないとできないのではないか」
- 「わが社は古くからの製造業でありIT企業ではない。プラットフォーム展開でうまくいくわけがない」
- 「すべての領域をGAFMAに押さえられ、わが社は中長期的には付加価値を失っていくしかないのか」
- 「兆円レベルで研究開発・投資を行っているメガ企業に戦いを挑んだとしても、到底勝てないのではないか」

②中間解の欠如

- 「プラットフォーマーになるか、負けるかの戦いで、プラットフォーマーになれない自社は打ち手がない」
- 「プラットフォームの存在は自社にとって脅威であり、生き残りをかけて、いかに彼らに対抗するかを検討しなければならない」
- 「プラットフォーマーは多くの機能を自前提供しており、自社が連携する余地はない」

こうして、プラットフォームビジネスに「乗れた」先進企業と、「乗り遅れた」多くの日本企業のあいだで、ギャップが広がっているのである。

「日本型」戦略が必要な理由

日本企業が置かれている状況

ここで、日本企業がプラットフォームビジネスを展開するうえで、留意すべき特徴を述べておきたい。まずは米国・中国もしくは新興国と日本の違いを分析したうえで、日本企業にとっての戦略を検討していかねばならない。

・米国……圧倒的な資金調達力とスピードを武器に、一気にグローバル市場を押さえる
・中国……自国市場の大きさ、資金力・データ規制の緩さを活かして、アジアを中心に一気に展開
・新興国……データ規制は緩く、既存ビジネスのしがらみはない。現地に根付いたローカライズ展開

一方、日本ではどのような特徴があるのだろうか。3つの点から見ていきたい。

①日本国内だけでは市場が限定的である

プラットフォームビジネスは、蓄積されたデータ量や、エコシステムとしての需要者・供給者のネットワークの規模が重要となるのはすでに述べたとおりだ。日本市場のみを念頭に置いていると、規模が限られてしまう。そのため、グローバルでの展開を見据えた検討を行う必要がある。まずは特定領域、日本をはじめとした地域で「標準型」を作り、そのうえで拡大を検討していくことになる。

②スピードとグローバルスケールでの戦いは挑みにくい

米国や中国のプラットフォーマーは圧倒的な資金力と自国市場規模により、一気にスケール（規模の拡大）をねらっている。しかし、日本においては同様の攻め方を行うことは難しい。

たとえばスタートアップ市場における資金調達額では、米国・中国と圧倒的な差がある。大企業の場合でも、大きな組織における一部門にすぎないため、潤沢な予算・リソースが担保されないことが多い。このように、ウーバー、エアビーアンドビー、GAFMAや、BATのように規模とスピードを通じてグローバルで「勝ち抜く」という戦い方が取りにくい。

③各種規制や商慣習など、障壁が多い

タクシー業界からの反発や政府規制などにより、ウーバーをはじめとしたライドシェア企業が展開に苦慮したように、規制や既存の商慣習への対応は重要である。日本においては特に、新たなビジネスを展開しようとする際に、規制や古い商慣習がボトルネックとなるケースが多い。

ライドシェアリングにおいては一般人によるタクシー業務を禁止するいわゆる「白タク規制」や業界からの反発がネックになった。民泊においても関連規制がボトルネックとなりサービスが他国と比較して普及しなかった、もしくは普及が遅れている背景がある。ライドシェアについては過疎地での規制を緩和する動きがあり、民泊では規制緩和のための新法が施行されるなど、徐々に改善傾向にはある。しかし、まだまだ他国と比較するとプラットフォームビジネス展開における障壁は多い。

日本企業が取るべき戦略

これらの状況を踏まえると、日本企業にとってプラットフォーム時代におけるビジネス

展開は困難に見えるかもしれない。しかし、プラットフォームビジネスの展開において、新たに生まれているチャンスと、日本の武器となる強みを見据えることで、戦う方向性は見えてくる。

まず、新たに生まれてきている「チャンス」から見ていこう。

①プラットフォームが多階層化し、すみ分け領域が生まれている

すでに述べたとおり、グローバル規模での効率性を追求するメガプラットフォーマーでは、効率の面から見て対応しきれない領域も見えてきた。シンガポールのグラブが、ウーバーに対して徹底的なローカライズ戦略で対抗し、事実上の撤退に追い込んだのも一つの例である。

また、プラットフォームが乱立してくると、それらを統合するポジションを取ることで、ユーザーに新たな利便性を提供することができる。さらに、特定業界・特定顧客のニーズに寄り添った「ニッチな」プラットフォームが展開できる余地も生まれてきている。これらすみ分けポジションを見極めることにより、自社が戦う方向性は見えてくる。

②既存プラットフォーム側が、連携を積極的に求めている

既存のプラットフォーム企業は、多くのエコシステム・プレイヤーと連携してビジネスを展開しているが、その領域が拡大すればするほど、連携の範囲・余地も広がってくる。たとえば、民泊プラットフォームは宿泊場所の供給者と、宿泊者の存在ばかりに注目がいきがちである。しかし、そのビジネスを支えるパートナーは、保険会社、家具メーカー、旅行会社、鍵の受け渡し場所となる店舗、清掃会社など、非常に多岐にわたる。

こうしたプレイヤーたちは顧客に新たな価値を提供する存在であり、既存プラットフォーマーが持つ顧客チャネルやビジネス規模を利用することによって、双方が新たなビジネス機会を創出することができるのである。

③技術自体のハードルが下がってきている

プラットフォームビジネスに関する技術・機能・リソースなどを提供し、支援する企業が増えるとともに、それらのコモディティ化が急速に進んでいる。これまでの日本企業では、ITリソースや人材が不足しており、ボトルネックになっていたことは否めない。しかし、それらの機能を供給・支援してくれる企業が増え、既存機能の普及による低価格化が進んだおかげで、「技術自体」はもはやボトルネックではなくなりつつある。どんな技

術を採用するかよりも、どのようなビジネスを、誰と、どのように実行「したい」のかという「意志」が重要になっているのだ。

プラットフォーマー時代における日本企業の戦い方

メガプラットフォーマーをやみくもに恐れ、付け焼き刃の対抗策を議論しても意味がないことはご理解いただけただろう。地に足をつけて自社の目指すべき方向性、戦い方、連携の方策などを丁寧に議論していけば、日本企業が生き残る術は自ずと見えてくる。

すでに何度か述べてきたが、本書で提示する「日本型プラットフォームビジネス」とは、「①自社がセグメンテッド・プラットフォーマーとしてビジネス展開していく」あるいは「②既存プラットフォーマーと連携しビジネス拡大する」という2つのアプローチである。

先述のとおり、プラットフォーム戦略と聞くと、①「セグメンテッド・プラットフォーム展開」のように自社がプラットフォーマー化することを想定する方が多いかもしれないが、それだけではない。顧客の選択肢に入るために、あるいは既存プラットフォームが持

図表14 **日本企業の戦い方のパターン**

	戦い方のパターン	概要
①自社プラットフォーム展開	セグメンテッド・プラットフォーム戦略	メガプラットフォーマーとのすみ分けを行うセグメント化されたプラットフォーム展開を実施。既存プラットフォームなどの機能を活用しつつ、自社の事業特性を活かす
②既存プラットフォーム連携	(1) 製品・サービス連携（チャネル連携）	プラットフォーマーをチャネルとして捉え、プラットフォーマーを介して製品・サービスを提供する
	(2) 製品・サービス連携（顧客化連携）	プラットフォーマーを顧客として捉え、ビジネス展開に必要な機能補完のための製品・サービスを提供する
	(3) アプリケーション・機能連携	自社ノウハウを活かし実装したソフトウェアを他社プラットフォーム上で提供、または、自社提供アプリケーション・機能をプラットフォームと接続・連携することで価値を高める

つ顧客基盤を生かすために、既存プラットフォームを活用し事業機会とする②「既存プラットフォーム連携」という中間解も重要なのである。

繰り返すが、すべての企業がプラットフォーマーになる必要はない。自社の状況、目指す姿に応じて取るべきビジネスアプローチを検討していく必要がある。

これらをまとめたものが、図表14と15である。②の「既存プラットフォーム連携」は、さらに3つにわかれるので、都合4つのアプローチが考えられる。以下、2章以降でくわしく見ていくが、その概要のみ、ここで示しておきたい。

図表15　各戦略の位置づけ

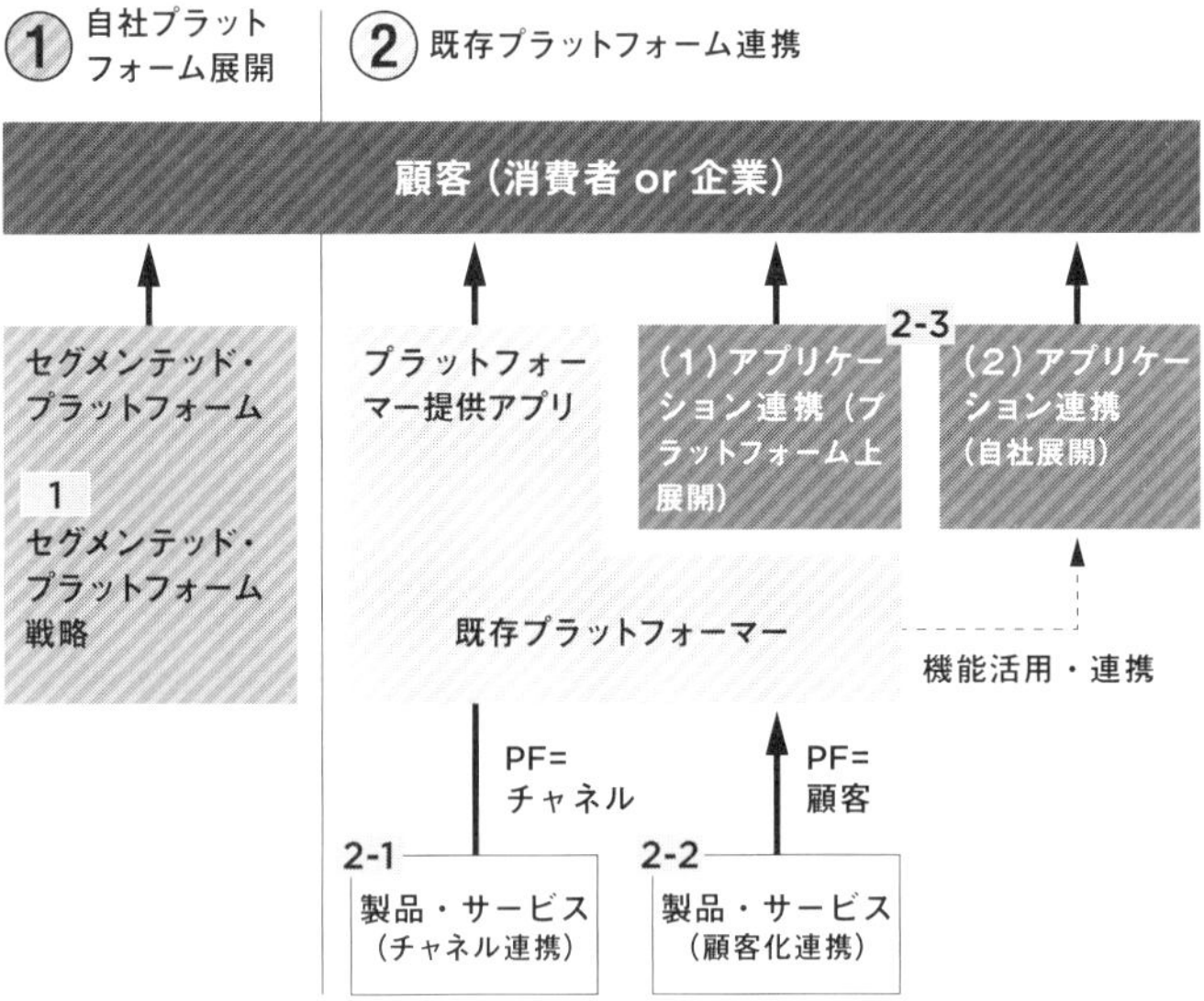

①自社プラットフォーム展開

自社の強み・勝てる地域・領域を定義し、メガプラットフォーマーとのすみ分け・ポジションの差異化を行い、戦略的にビジネスを展開する。本書では、「セグメンテッド・プラットフォーム戦略」と名付けたい。GAFMA、BATなどのメガ企業とのバッティングが懸念されるかもしれないが、先進企業はうまくポジショニングをすみ分けて展開している。

これについては、2章で詳しく解説する。

②既存プラットフォーム連携

すでに述べたとおり、世界規模で拡大し、顧客基盤を築いているプラットフォーマーとの連携は、今後のビジネスにおいて避けて通れない。どの領域で連携するのかを明確化し、施策を講じることが重要である。この「②既存プラットフォーム連携」に関しては、その連携・活用の領域によって「⑴製品・サービス連携（チャネル活用）」「⑵製品・サービス連携（顧客化連携）」「⑶アプリケーション・機能連携」の3つのカテゴリーに分類される。

ここで、それぞれの概要について簡単に述べておきたい。

(1)製品・サービス連携（チャネル活用）

プラットフォームをチャネルと捉えて、ターゲット顧客に対して自社製品・サービスを提供するアプローチである。従来のECを介した自社製品・サービスの提供から発展し、さまざまな連携の姿が登場している。

たとえば、プラットフォーマーの顧客・データ基盤を活用した製品開発を行っているプレイヤーが挙げられる。資生堂は中国においてアリババの幅広い顧客基盤やデータを活用し、化粧品を共同で開発している。多くのハードウェア企業や、サービス企業においてこの連携パターンが見られる。

(2)製品・サービス連携（顧客化連携）

プラットフォーマーのビジネス展開に必要な機能を補完できる製品・サービス提供を行うアプローチである。たとえば、日本のスタートアップであるMUJINは、中国EC企業大手の京東（JD.com）の自動倉庫に対してロボットモジュールを大量供給している。中古車買取販売のガリバーを運営するIDOMは、タンザニアにおいてウーバーと連携し、同社のドライバーに対して中古車販売を開始した。

「チャネル活用」と同じく、多くのハードウェア企業や、サービス企業において、この連携パターンを展開できる可能性がある。

(3)アプリケーション・機能連携

自社ノウハウを生かして開発したソフトウェアを他社プラットフォームに組み込む、あるいは、自社提供のアプリケーション・機能を他社プラットフォームと接続・連携することで価値を高めるアプローチである。アップストアを通じて提供される通信アプリのLINEやグーグルマップなどの各種アプリ群がこれにあたる。

さまざまなプラットフォームにおいて、外部ベンダーによるアプリケーションソフトウェアが提供されている。これはIT企業やAI関連企業に限られた話のように思われるかもしれないが、必ずしもそうではない。製造業のようにリアルな独自ノウハウを持っている企業が、そのノウハウをソフトウェアに落とし込み、アプリケーションとして展開するケースも出てきている。

このアプローチは、多くの製造業やサービス業といった非IT系日本企業にとって、大きなポテンシャルを秘めている。また逆に、プラットフォーム企業はIoT・AIなど、デジタルサービスを支える機能を提供してくれる。それらを活用することで、自社展開アプリケーションやビジネスプロセスをさらに高度化させることが可能である。

このように、既存プラットフォームやそのパートナーまで含めたエコシステムの階層構造を理解したうえで、自社はどこで戦うのかを丁寧に議論せねばならない。

次章以降、それぞれの戦い方について、日本企業の先行事例をベースに詳細に見ていく。これらの戦略は、あくまで継続的なビジネスモデル変革議論のスタートラインにすぎない。当然ながら、今後のプラットフォーマーの動きなどを踏まえて、柔軟に組み替えることや、複数の戦略を取ることも必要になるだろう。

Japanese Platform Strategy

2章

セグメンテッド・プラットフォーム戦略

図表16　セグメンテッド・プラットフォーム戦略の位置づけ

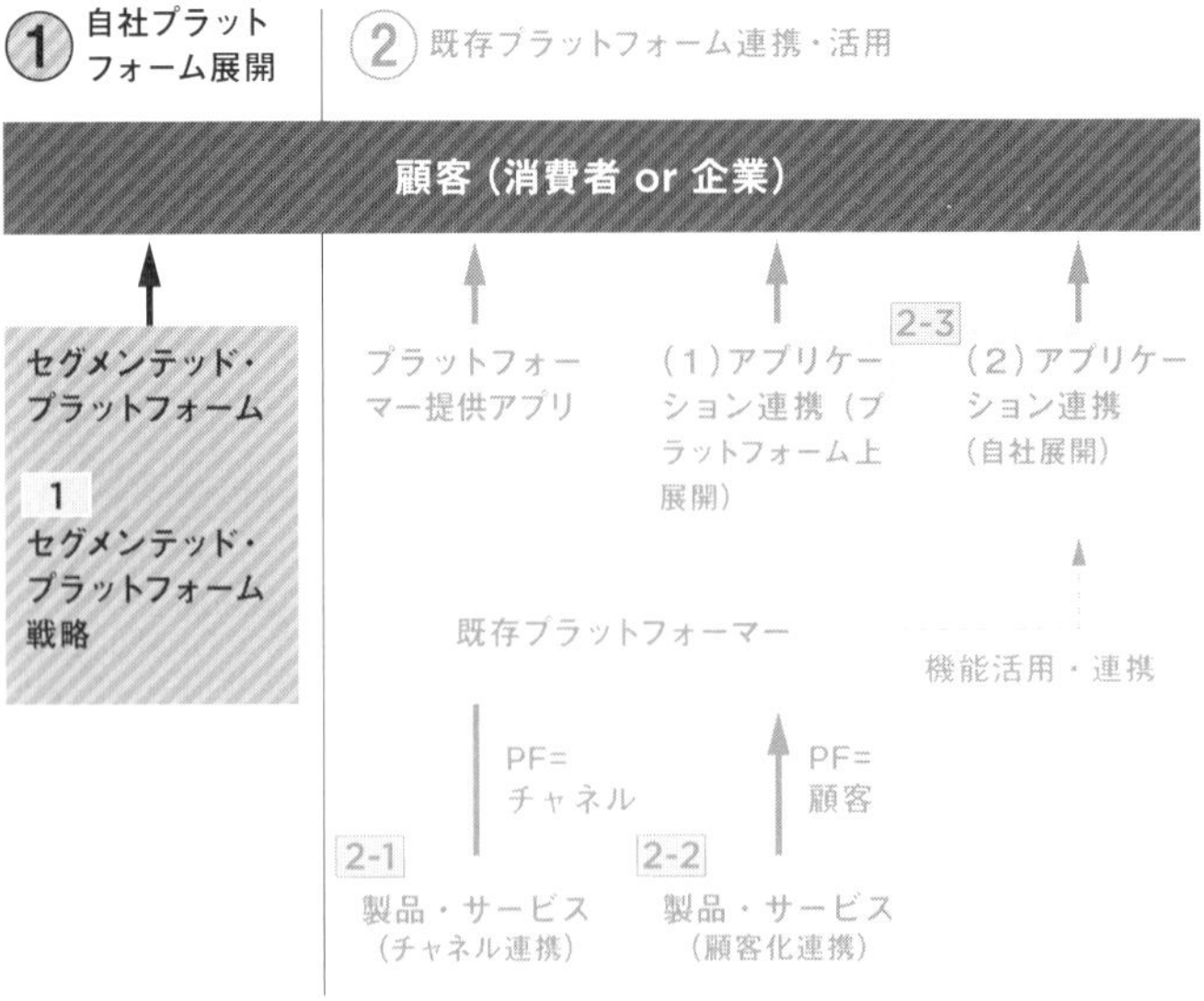

「すみ分け」の6つの方向性

メガ企業が押さえられるのは「半分」程度

プラットフォームビジネスを自社展開すると言っても、グローバルでの巨大プレイヤーであるGAFMAやBATに対して正面から戦いを仕掛けていく、というのは現実的ではないだろう。たとえばGAFMAの一角であるアマゾンは数兆円規模の研究開発費（R&D）を投下し、ECやアレクサ、クラウドサービス（AWS）への投資を行っている。想像を超えるスピードと規模で拡大・成長するメガプレイヤーに対し、規模や投資力で勝負するのは限界がある。

そのため、彼らと同じレイヤー（階層）で戦うのではなく、自社が競争力を持てる領域、メガ企業とのすみ分け領域を定め、戦略的に展開していくことが求められる。メガ企業は世界規模での効率的な事業拡大を目指すため、個々の産業分野や地域などにカスタマイズした、最適なプラットフォームを展開できるとは限らない。ここに、メガ企業以外が参入し、事業を展開できる可能性が存在する。

自社がどのレイヤーで展開するのかは、分解レベルを上げて検討を行う必要がある。現状、競争力の高いプレイヤーが存在したとしても、その上位・下位レイヤーや、視点の異なるポジションにホワイトスペース（空白地帯）が存在することもある。あるプラットフォームビジネスの起業家は「GAFMAなどの大手プラットフォーマーが押さえているのは、多く見積もっても世界の人口の半分以下であり、残りの半分以上は新規のプラットフォーマーが入り込む余地がある」と語っている。また、大手プラットフォーマーに対する規制や反発などにより特定個社による独占的な拡大に制限がかかるケースもでている。

自社はプラットフォーマーになれないと思考停止をするのではなく、既存プラットフォーマーが展開している領域や地域を分析し、自社が勝てる領域を定義し、戦略的に検討することが重要である。自社の強みが活きて先行者になり得る領域を、地域や領域・機能を掛け合わせて見極め、サービス化をねらっていくことが欠かせない。

メガ企業とのすみ分けの方向性としては、大きく6つの方向性が考えられる。

①統合型
②業界特化型
③顧客層特化型

④プロセス特化型
⑤地域先行型
⑥オフライン・エッジ型

それぞれのすみ分け領域で土台を形成した後に、多方面に拡大していくケースも考えられる。さらに、すみ分けの方向性は1つではなく、2つ以上に同時にあてはまるケースも珍しくない。

たとえば、クックパッドが展開しているOiCyは、料理を行うプロセスにフォーカスをしているという点では「プロセス特化型」である。同時に各スマート家電IoTプラットフォームが乱立するなかで、ユーザー視点で1つのプラットフォームとして統合しているという観点からは「統合型」とも言える。これらのすみ分けモデルにおいて、現時点の先行企業が日々新たな戦い方を生み出している。

①統合型すみ分け

統合型すみ分けは、乱立するプラットフォームを統合し、ユーザーの利便性を向上するポジションである。

図表17　統合型すみ分けのイメージ

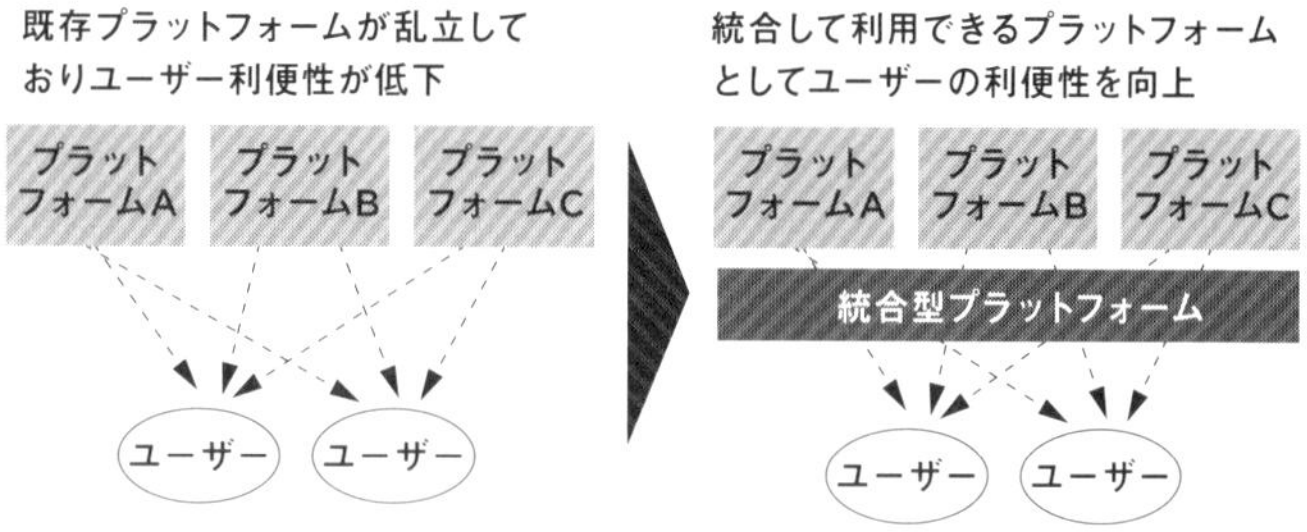

たとえば、デジタルガレージは、多数の決済プラットフォームを統合し、ユーザーが読み取る店舗側のQRコードを発行するクラウドペイを展開している。決済プラットフォームの乱立によって、店舗がその対応に苦慮するなか、店舗側の接点としてワンストップで対応できるよう、さらに上のレイヤーとして既存プラットフォーマーに被さる形でポジションを取っているのだ。これにより店舗は決済サービスごとに別々に契約することなく、一括で導入できる。それとともに支払時も1つのQRコードをユーザーに提示するのみで完了できるためオペレーションも効率化できる。

クックパッドのスマートキッチン・プラットフォームのOiCyも、統合型のポジションを取っている。メーカー各社がIoTに対応したキッチン家電を多数発売するなか、ユーザー側がそれぞれ別にネットワークに接続して利用するというのは、大きな負担になる。

図表18　業界特化型のすみ分けイメージ

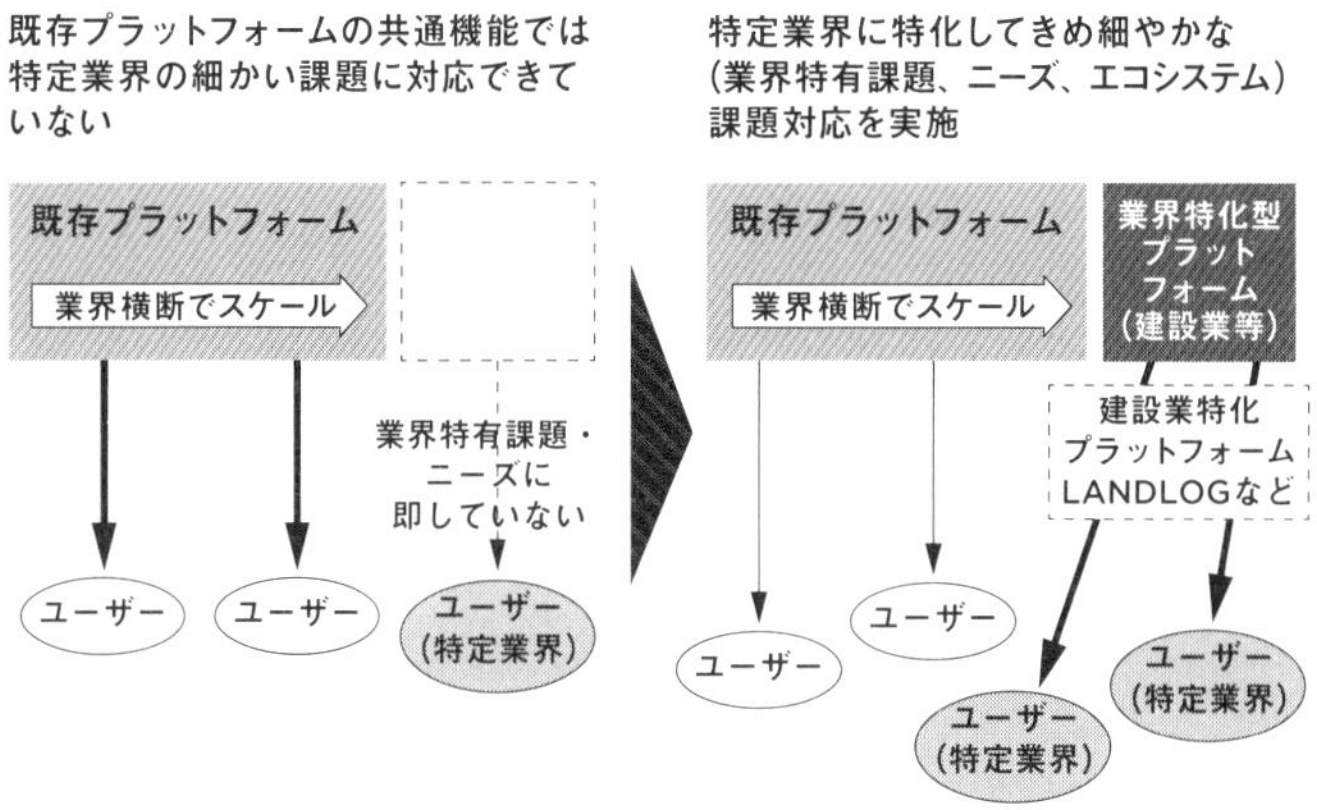

それをＯｉＣｙプラットフォームが各家電と連携することで、こうした手間を省き、ユーザーとしての利便性を担保している。

②業界特化型すみ分け

業界特化型すみ分けは、特定の産業・業界におけるデータや課題解決に特化したプラットフォームを展開する戦略である。先述のとおり、メガプラットフォーマーはグローバルに規模を拡大し、効率化することを志向しているため、個別の業界・顧客に対するニーズ・課題に対応した、きめ細やかなソリューションを作ることは難しい。そこにすみ分けのチャンスがある。

たとえば、後述するコマツのＬＡＮＤＬＯＧは、建設業界に特化したオープンプ

図表19　顧客層特化型のすみ分けイメージ

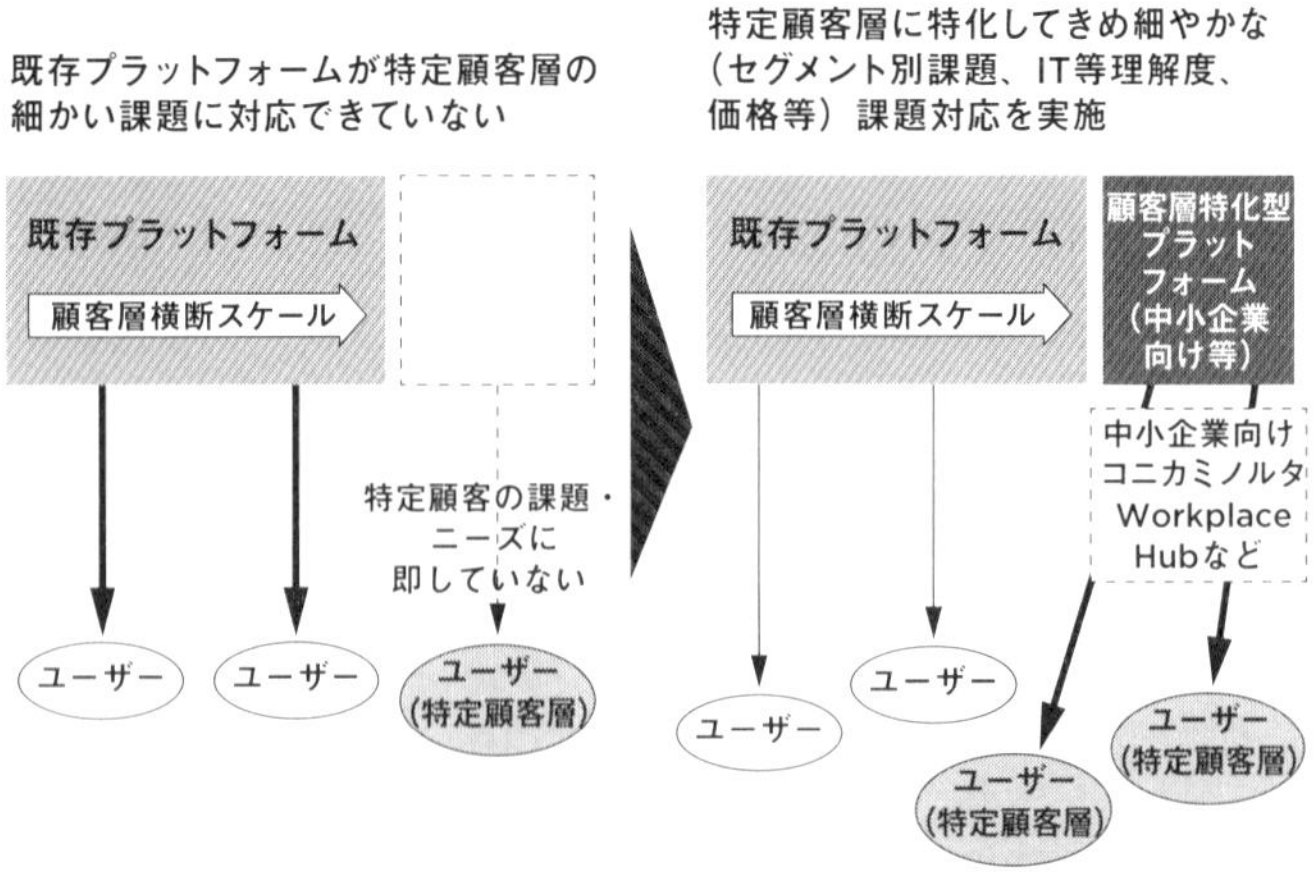

ラットフォームを構築している。

③顧客層特化型すみ分け

顧客層特化型すみ分けは、中小企業向けなど、特定の顧客属性にフォーカスを絞ったパターンである。

たとえばコニカミノルタは、中小企業向けにITソリューションを束ねた「デジタル・ワークプレイス・ハブ（Digital Work Place Hub）」を開始している。潤沢なITリソースがなく、大手システムベンダーなどに依頼する予算もない中小企業を対象に、シンプルでありながら、自社複合機のサービスと連携した対応を行っている。海外事例としては、ドイツのフラウンホーファー研究所によるバーチャル・フォート・ノックスが挙げられる。特に中小企業をはじめとして、既存プラットフォームサービスの導入に対してハードルが高いと感じている層に対してシンプルかつ、きめ細やかな対応をすることで、すみ分けを行う戦略は有効である。

BtoCの消費者向けでは、たとえばヘルスケア関連での高齢者向けや、ファッション・コスメ関連での女性向けなど、特定のニーズが存在する層に絞った設計を行うことも有効となる。一般的な口コミ・価格比較プラットフォームに対して、コスメの口コミプラットフォームに特化したアットコスメも、このパターンである。

④プロセス特化型すみ分け

プロセス特化型すみ分けは、特定のアクション・プロセスに特化したソリューションを提供するポジションである。

たとえば、リンカーズは技術を探している企業と、技術を有している企業のイノベーションマッチングプラットフォームを構築している。特定プロセスに特化し、ソリューションの質を高めることにより、幅広い産業で活用されるプラットフォーム化を図るケースである。

また、①統合型で紹介したクックパッドは、スマートキッチン・プラットフォームにお

図表20　プロセス特化型のすみ分けイメージ

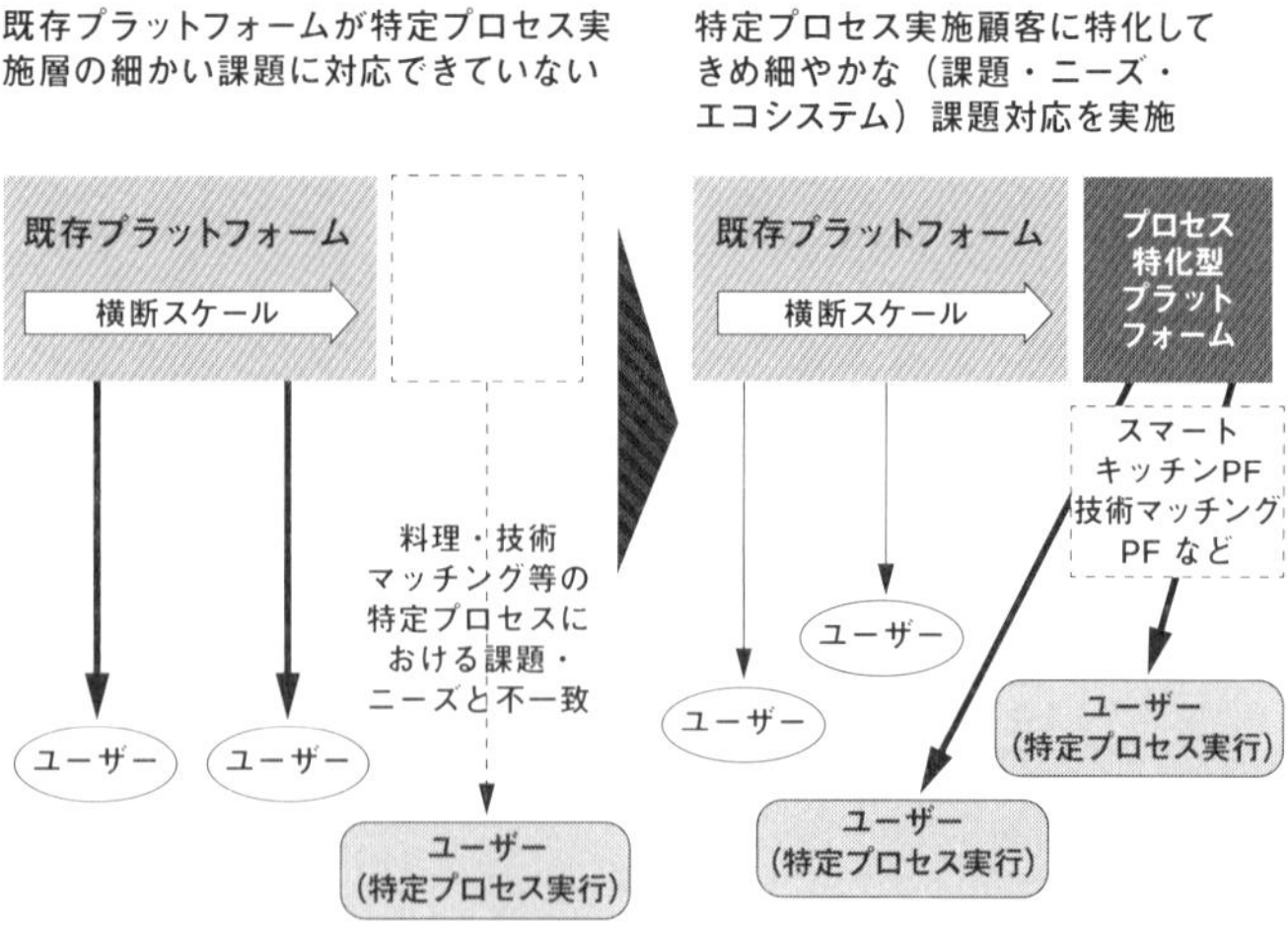

いて「料理を行う」というプロセスにフォーカスをしており、この「プロセス特化型」にもあてはまると言えるだろう。

⑤地域先行型すみ分け

地域先行型すみ分けは、特定地域における課題やニーズに即したソリューションを提供するポジションである。

海外事例でよく知られているのが、サファリコムとグラブの事例である。ボーダフォンは、出資先のサファリコムを通じてアフリカ発の決済プラットフォーム「エムペサ」を展開し、現在では幅広い新興国で導入されている。ケニアでは、国民の70%がこのサービ

図表21　地域先行型のすみ分けイメージ

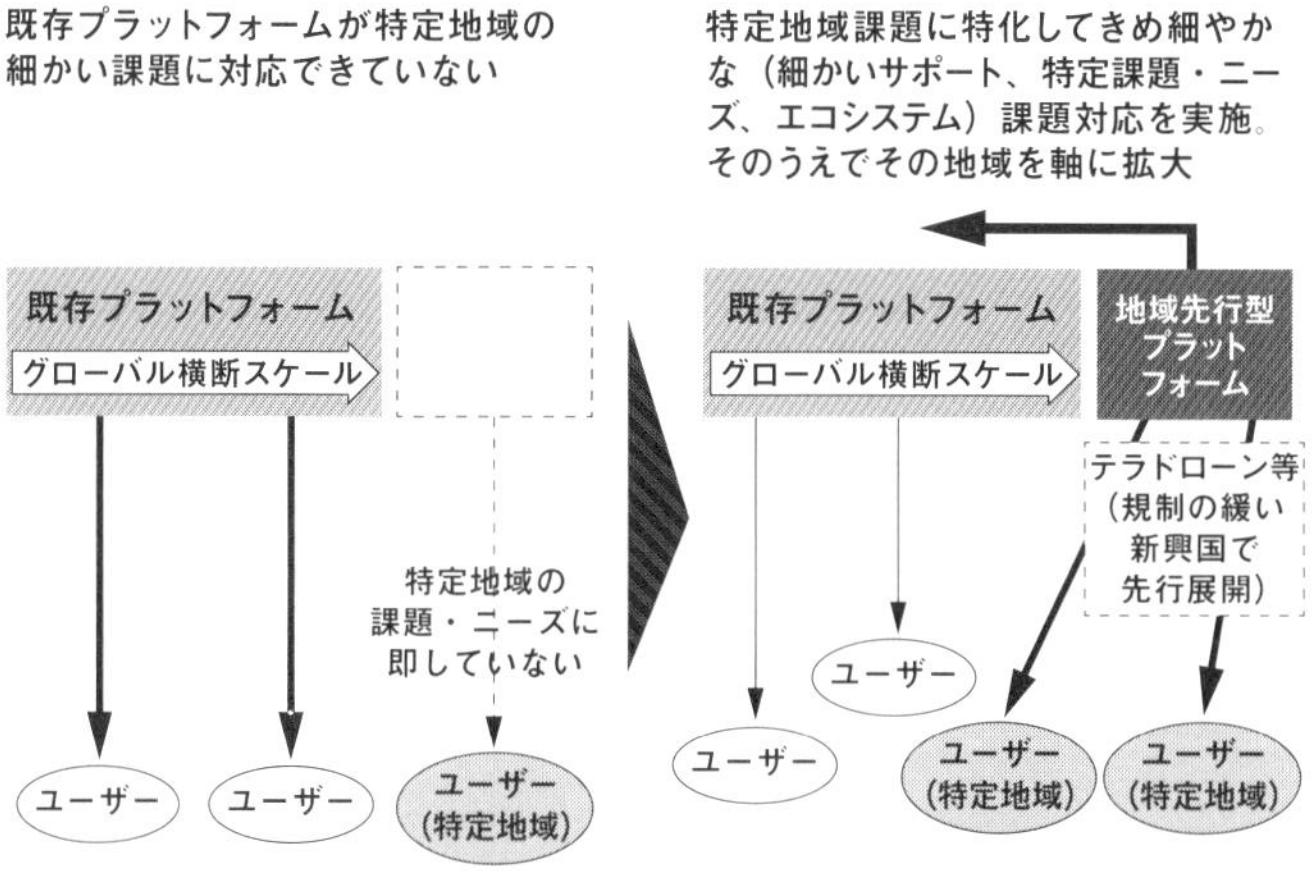

スを利用し、同国GDPの4割以上がエムペサを通じて決済されている。

ボーダフォンはエムペサの展開地域を、ケニアからアフリカ諸国のみならず、ルーマニアやインドなどの地域にも拡大させている。この例は他市場に支配的なプレイヤーがいたとしても、特定市場において先駆けてポジションを構築することによって、メガプラットフォーマーに対抗することができることを示している。

ライドシェアのグラブもこのタイプだ。徹底的なローカライズや、スピード感のある地域展開によって、グローバル大手のウーバーを撤退に追い込んだことはすでに述べたとおりだ。同社のケースは、ウーバーのように圧倒的な先行者がいたとしても、徹底したローカライズを行うことで、先行するメガ企業を打破することも可能であることを表している。

日本企業の事例として、たとえば東南アジアに拠点を構える農業プラットフォームのアグリバディは、デジタルデータとは切り離されている新興国の農家を、きめ細やかなサポートによりデータ化し、統合している。また、テラドローンは、主にドローンの規制が緩い国においてM&Aを含む集中的な展開を行い、ドローンサービスにおけるプラットフォーマー化を図っている。

⑥オフライン・エッジ型すみ分け

オフライン・エッジ型すみ分けは、デジタル領域から離れている層や、工場内など現場に近い領域においてソリューションを提供するポジションである。

ファナックが展開している製造IoTプラットフォームの「FIELDシステム」は、エッジ(ネットワークの末端)領域のポジションを確立している。ファナックは、自社ロボットの市場シェアを活かしたプラットフォームに、他社もつながれるようオープン化を進めている。

また、マイクロソフト、シーメンス、アマゾンなどの上位レイヤーのクラウドプラット

図表22　オフライン・エッジ型のすみ分けイメージ

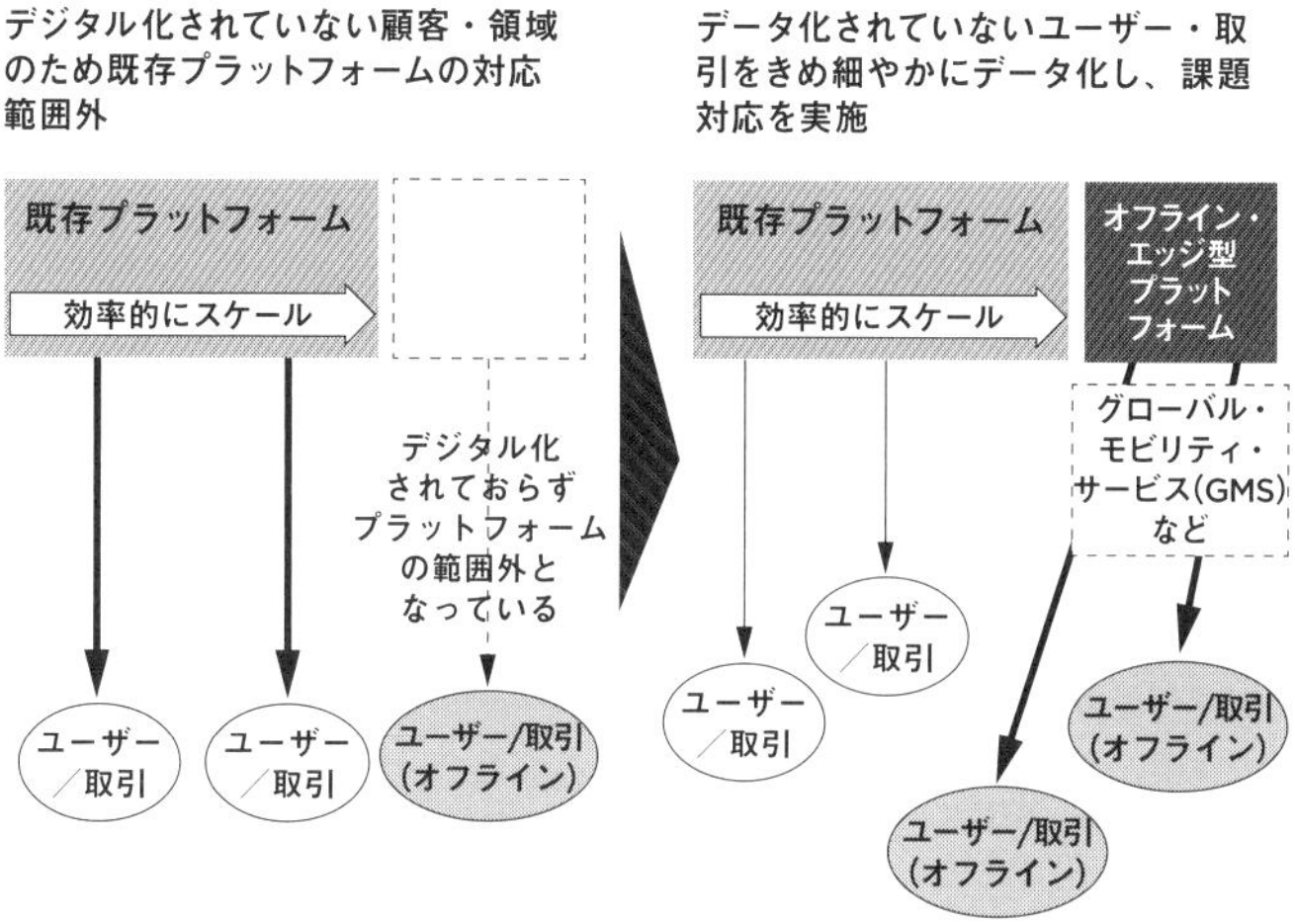

フォームとの互換・連携を取ることで、メガプレイヤーが展開するクラウドと、ファナックが展開するエッジとのすみ分け・共存を図っている。

デジタル化がされやすい領域は、グローバル・プラットフォーマーが得意とするところである。一方で、デジタルデータを収集するのに手間がかかる部分に関しては、彼らは手を出しづらい。その部分で確固たるポジションを構築することができれば、プラットフォームとしての高い参入障壁を築け、競争力を生むことができる。

これらのすみ分け領域を意識して、プラットフォームとしてどのポジションから、どう展開をするのかを検討していくことが重要である。決して既存プラットフォームにすべてを押さえられているわけではなく、レイヤー構造を注意深く検討することにより、自社の展開領域を見つけ出すことが大切である。

セグメンテッド・プラットフォーム展開を検討するにあたり、重要なポイントが5つ存在する。日本企業の萌芽事例を紹介しつつ、以下で詳しく解説していきたい。

ポイント① 自社顧客と提供価値・ポジションの再定義を行え

提供価値を検討するための5つの疑問

先述のとおり、プラットフォームビジネスは「供給者（サプライヤー）やその他ステークホルダー（エコシステム）による需要者（ユーザー）へのビジネス提供の基盤を提供する」事業形態である。

プラットフォーム展開を検討する際には、既存の戦い方の延長線上ではなく、いま一度自社の顧客は誰なのか、その顧客に対してどのような価値を提供する企業なのか、既存プラットフォームも含め誰と連携しエコシステムを形成するのか、どのようなポジションで展開・差別化を図っていくのか、などを再定義しなければならない。

その方向性にもとづき、ビジネスプロセスを再設計するとともに、中長期で外部環境の変化に合わせて常に見直し／ローリングをし続けることが重要となる。では、自社顧客・提供価値を議論するにあたって、何を検討すればいいのか。その一例として、価値提供の方向性の探索アプローチの視点に触れたい。

- コアと捉える顧客層の課題は何か
- それは自社と顧客の関係性のなかで解決が可能なのか。業界全体の複数プレイヤーにまたがる課題なのか。
- その課題において存在している各プレイヤー間の「ギャップ」「分断」は何か
- それを解決するために必要な情報・データは何か
- これらの必要な情報・データを提供する手段は何か

これらがプラットフォームのあり方を検討するうえでの検討項目の例である。

セグメンテッド・プラットフォームは、自社の強みを捉えて展開することが求められる。

このため、自社の価値提供の対象を検討する際には、まずは既存事業における顧客を基点に検討することになる。

既存事業に関連して、顧客の抱えている課題は何か。その課題は①自社努力で解決できるのか、②顧客努力で解決できるのか、③顧客・自社単独の努力では解決できず、幅広いステークホルダーとの連携でないと解決できないのか――という3種類に分類される。

解決のための「ギャップ」「分断」は何か

後述の建設業界プラットフォームのLANDLOGの例において、従来コマツが展開してきた建設機械の性能やサービスの質を上げ、建設機械の観点から顧客の生産性向上を実現するのが、コアと捉える顧客層の課題を解決するアプローチだ。自社建機に取り付けたコムトラックスと呼ばれる各種センサーや管理システムによって、自社建機顧客の「建機使用に関する」オペレーションを最適化する取り組みである。そのうえでスマートコンストラクションサービスとして、建機使用に限らないさまざまなサービスを提供している。

従来コマツはIoTの取り組みの先駆者として、①の自社努力や②の顧客努力による課題解決のアプローチを行ってきた。LANDLOGは、自社製品・サービスを通じた顧客に対するソリューション提供ではアプローチしきれていない産業全体の課題に取り組むこ

図表23　**顧客課題のブレークダウンとアクションの例(コマツLANDLOG)**

顧客課題の分類	コマツの顧客における課題	価値提供対象	コマツによるアクション
①自社製品・サービスの向上により解決できる問題	コマツ顧客の機器使用業務のパフォーマンス向上・効率化（自社機器領域に限る）	建機顧客	■建設機器の能力向上 ■コムトラックス（IoT）の建機搭載を通じた機器生産性・機器オペレーション最適化
②自社製品・サービスの枠外の、顧客のオペレーション起因の問題	コマツ顧客の建設現場のオペレーションの最適化（建設機器使用領域外も含む）	主に建機顧客(+他社展開)	スマートコンストラクションサービスを通じた建機に限らない顧客の建設現場の効率化（顧客のオペレーション最適化のためのサービス）
③自社・顧客起因ではなく、複数ステークホルダーが絡んだ問題	取引先を含む、建設業界全体の生産性向上・労働力不足への対応	業界全体	LANDLOGを通じた業界全体の生産性を改善するサービスの展開 （課題を持つ企業と、解決策を持つ企業をつなげる基盤提供）

とにより、③の顧客を取り巻く産業全体の課題解決に発展させている。

①②にフォーカスを当てたのが、スマートコンストラクションサービスである。自社建機の顧客に対して、建機使用時に限らない前後工程も含めてデータ化・デジタル化を行い、それを通じて建機使用よりもっと広範囲にわたるオペレーションの最適化を行っている。

さらに、取引先を含めた建設業界全体の生産性向上に貢献するのが、今回のLANDLOGの取り組みである。建設業界の中で課題や取り組みがバラバラななかで、各ステークホルダーをエコシステムの一員として取りまとめ、LANDLOGとしてまとめている。セグメンテッド・プラットフォーム展開によって、③のギャップや分断を解決するのである。

このようにして、取り組むべき課題を設定したうえで、どのようなアクションをプラットフォームですべきかを検討する。その際には、産業を構成する各種プレイヤー間に存在する「ギャップ」「分断」が何かを分析する必要がある。

プラットフォームはエコシステムの課題・ニーズや、保有する技術・アセット・リソース・ノウハウなどを多面的につなぎ合わせて、新たな価値を提供するものである。その価値は、ステークホルダーのギャップや分断の背景を把握し、どのような条件・きっかけ・データがあればお互いの強みを発揮し、課題解決に向けた価値を創造できるのかを分析することで浮かび上がってくる。

実際には、サービスの需要者（ユーザー）と提供者（サプライヤー）間の取引に必要なデータがないことから、それら主体がつながっていないことが多い。プラットフォーマーとしては、需要者・供給者間の「ギャップ」「分断」を見定め、それを埋めるための媒介となるデータは何かを検討することが重要となる。

事例①　コマツ「LANDLOG」

LANDLOGは建設機器メーカーのコマツがパートナーとの合弁で2017年に開始した建設業プラットフォームである。コマツはIoTという言葉が広く使われるようになる以前から、自社建機に標準搭載したコムトラックスを通じたIoTサービスを展開している。コマツが販売する建機に取り付けたセンサーを通じて、各機体の位置情報や車両情報を取得し、「顧客の使い方」のデータを収集して分析することで、建機のユーザー企業に遠隔保守管理サービスやオペレーションの最適化などのサービスを提供している。

コマツは、こうした個別の取り組みにとどまらず、業界全体の深刻な労働力不足への対

図表24 LANDLOGのイメージ図

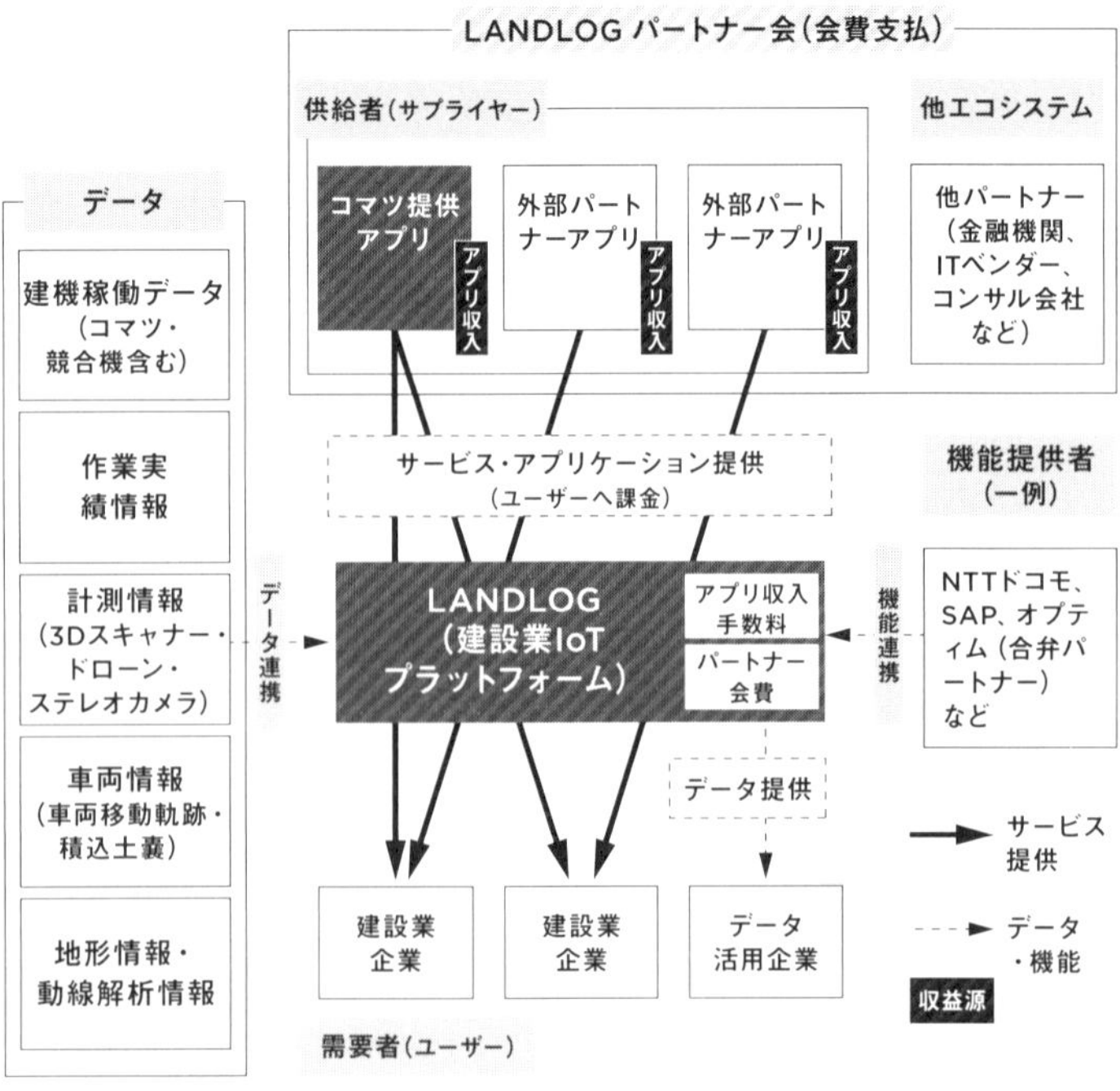

応や生産性向上を目指し、LANDLOGを通じてその改善に力を入れている。さまざまな建設業企業が接続・利用可能なオープンプラットフォームとなっており、建機が集めるデータに限らず、調査・測量・設計・施工・メンテナンスなど建設プロセスのあらゆるデータの収集を行うことで、データを活用したアプリケーションや新たなサービスの開発が行われている。

たとえば建設機器においては、キャタピラーや日立建機など、コマツの競合企業も含めたデータの接続・活用を図っている。後付けで旧型機・他社機データが取得できる「スマートコンストラクション・レトロフィットキット」など、オープンな展開も行っているのである。

LANDLOGの特徴として、IT企業との合弁会社の形態を取っており「企業体自体がオープンイノベーション」そのものであることが挙げられる。NTTドコモが無線通信技術を、独SAPがレオナルドと呼ばれるデザインシンキングやイノベーション創出のノウハウを、オプティムがAI・IoT技術とOSといった強みを持ち寄り、LANDLOGを実現している。コマツ側から見ると、自社の業界知見や強みをもとに、パートナーIT企業と連携することでセグメンテッド・プラットフォーム展開を実現していることになる。

外部事業者がプラットフォームのデータを活用し、アプリ開発・提供を行うことができることも大きな特徴だ。陰山建設をはじめとしたＬＡＮＤＬＯＧパートナー会を組織（２０１９年12月時点で58社登録）し、ＬＡＮＤＬＯＧを介したアプリケーション提供や、アライアンスなどビジネス創出の議論がなされている。

事例② ファームノート

ファームノートは２０１３年に設立され、「世界の農業の頭脳を創る」を理念に「Internet of Animals」の世界の実現を目指している。現在は牛群管理システムの「ファームノートクラウド」と、牛用センサーデバイスの「ファームノートカラー」を提供している。ファームノートクラウドでは約３８００の生産者の36万頭の牛が管理されており、これは日本に存在する牛の10％程度にあたる。

牛の発情兆候や疾病兆候の見逃しは、酪農・畜産経営において大きな損失につながる。ファームノートは、牛用センサーを通じて得られたデータをもとに、人工知能を用いた牛の発情兆候や疾病兆候、活動量低下などの分析を行い、異常への迅速な対応や農家経営の

図表25　ファームノートのイメージ図

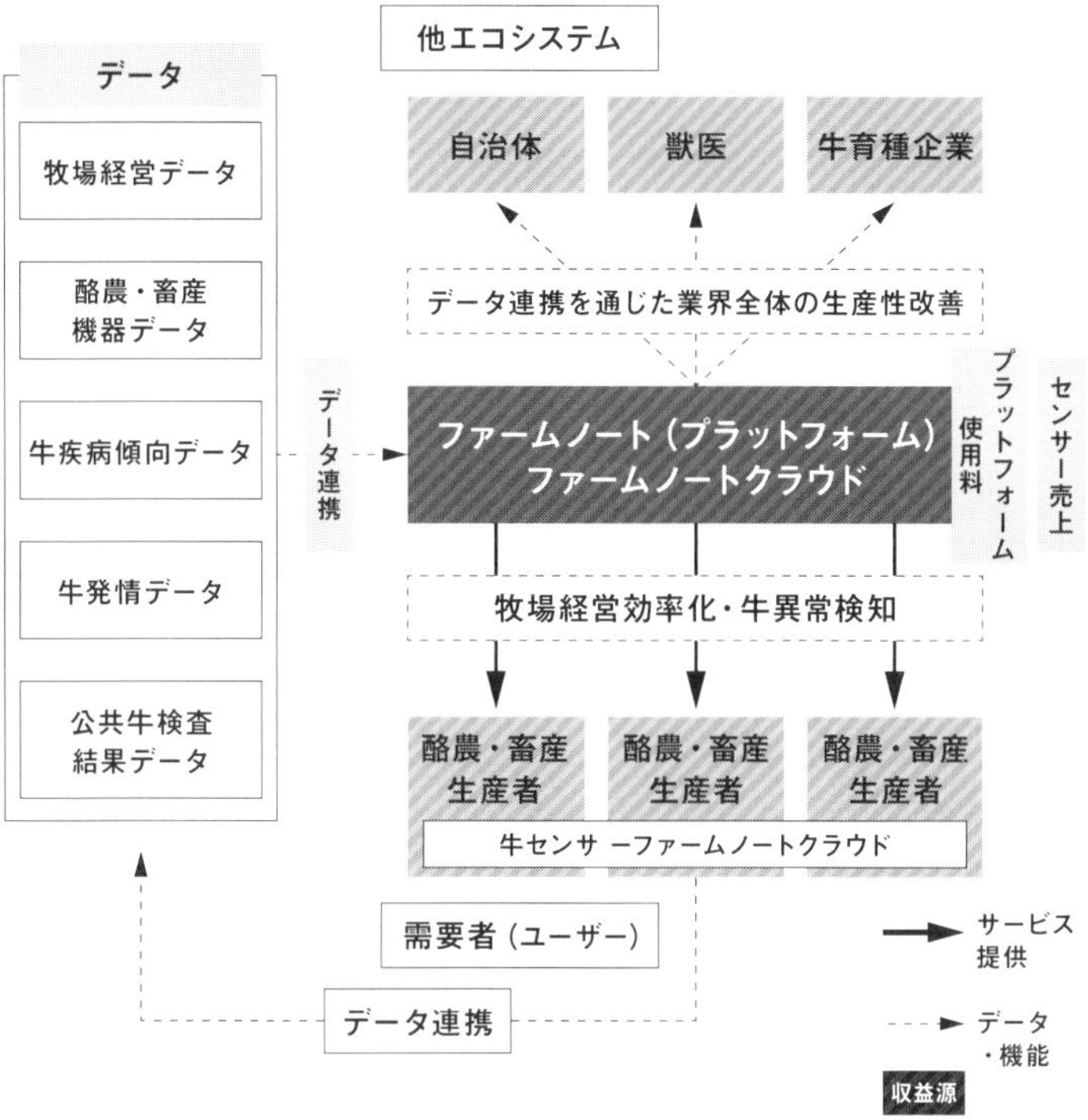

効率化を支援している。

それら分析データとともに、その他牧場に関連する機器データや公共検査データなどを統合し、ファームノートクラウドは酪農経営の可視ツールとなっている。現状の収益源はデータプラットフォームとしてのファームノート利用料、ファームノートカラー（センサー）販売料などである。

ファームノートは世界的に人口増加・都市化が進み、一人あたり農地面積が急速に減少している現状を背景に、持続可能な農業を確立することをミッションとしている。その解決のために、前述のデータをもとに業界のプレイヤーをつなぎ合わせるセグメンテッド・プラットフォームを志向している。

現在の日本では、個別の牛や牧場などの現場データや、公共機関による牛の検査結果などが業界内で共有されていない。その結果、個別の酪農・畜産家経営のみならず、乳牛・肉牛の生産性を左右する育種改良に現場データが生かされず、業界全体の生産性に改善の余地が大きい。

一方、イスラエルにおいては、生産者のデータを、獣医・政府・酪農・畜産関連企業がオープンに利用できる環境が整っている。その結果として、育種レベルからの改善が行われ、一頭あたりの搾乳量は日本の約1・3〜1・4倍と、高い生産性を実現している。

ファームノートは、こうした業界の本質的な課題に取り組むために、自社の牛群管理データをもとに、公共機関や、酪農・畜産関連企業をつなぐことで、育種レベルからの生産性改善を図っている。自社の解決課題を、育種段階からの生産性改善と捉え、その解決のためにデータにもとづいていない非効率な活動を行っている生産者／公共機関／育種企業にアプローチし、牛管理データをつなぎ合わせることによる価値向上を提案している。資本提携パートナーであるJA全農・農林中金などの政府系企業や、住友商事・兼松など商社との連携のもと、業界全体の課題解決を図るセグメンテッド・プラットフォーム展開を行っているのである。

ポイント②　オープン化でN倍のインパクトを生む

エコシステムにかかわるステークホルダーたち

前述のとおり、プラットフォームビジネスにはプラットフォーマーである自社のほかに、供給者・需要者、パートナーなど、さまざまなステークホルダーが存在している。それら

図表26　主な産業向けプラットフォームにおけるエコシステム

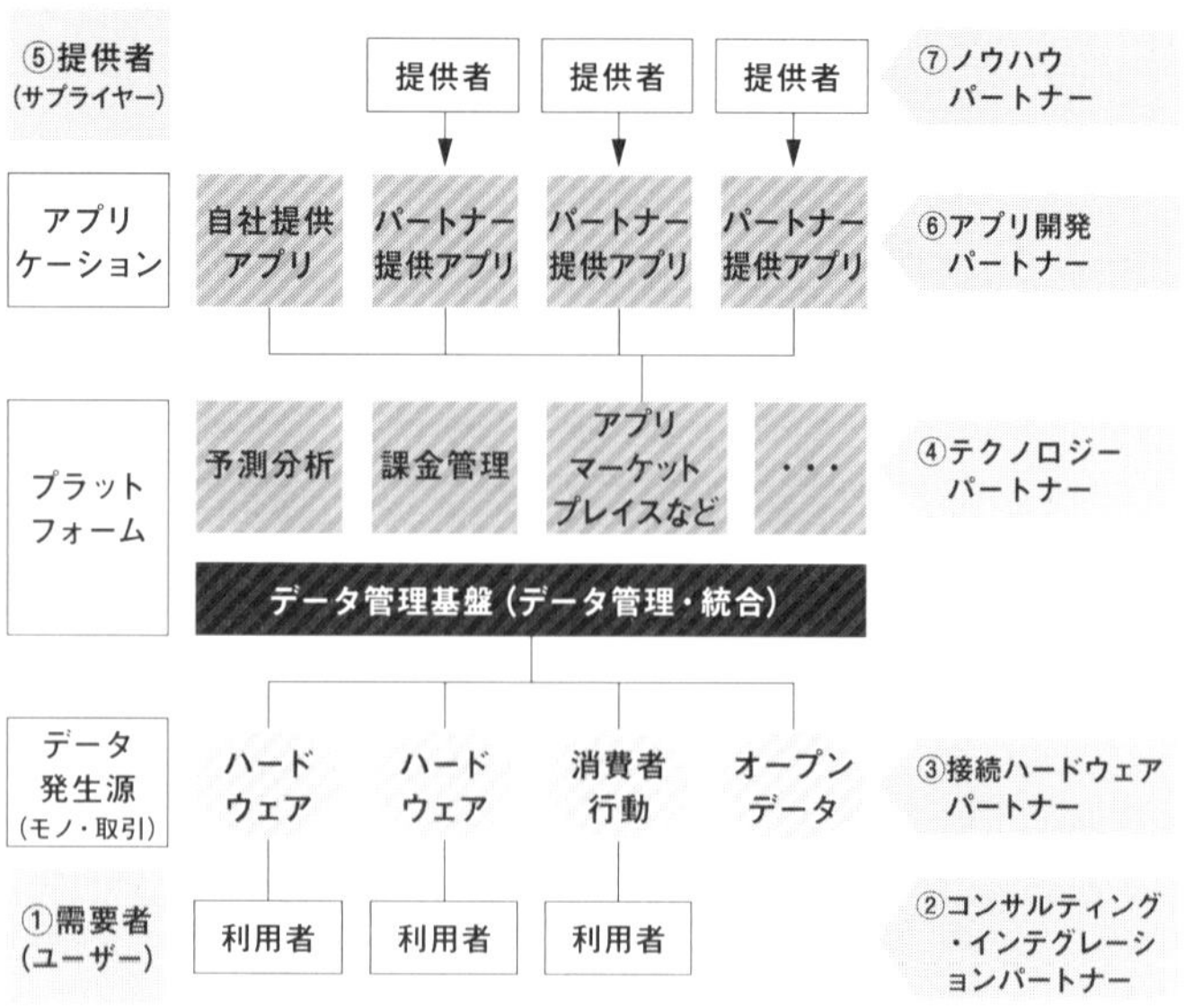

「エコシステム」と呼ばれるプラットフォームを取り巻くステークホルダーの関係性の設計・マネジメントが重要となる。

たとえば産業向けのプラットフォームの場合は、図表26のようなエコシステムを形成することが一般的である。

まず当然ながら、プラットフォーマーとしての提供価値を行う対象である「①ユーザー（需要者）」がいる。そのうえで、ユーザーに対して導入支援を行ったり、サービスを前提に置いたオペレーションを設計する「②コンサルティング・インテグレーションパートナー」が存在する。

プラットフォームに対してデータを蓄積するための「③接続ハードウェアパートナー」や、プラットフォーム機能をAI・IoT技術などを提供し高度化する「④テクノロジーパートナー」も重要な役割を果たす。

加えて重要となるのが、蓄積されたデータをもとにユーザーに対してソリューションを提供する「⑤サプライヤー（提供者）」だ。サプライヤーは、アプリケーション開発能力を持つ「⑥アプリ開発パートナー」が行うケースもあれば、産業ノウハウや問題意識を持った「⑦ノウハウパートナー」と⑥が共同で行うこともある。ＩＴ開発力を持たない企業であっても、アプリケーションの構想や問題意識などを持っていれば、プラットフォームを介して⑥の紹介を受けて、⑦がアプリケーション展開することも可能だ。

自社のリソースのみで顧客に対するビジネス提供を行う場合は、自社のリソースが提供できるビジネスの上限になってしまう。しかしエコシステムを効果的に機能させることにより、そのビジネスのスケールとスピードは何倍にもできる。

たとえば先述のウーバーは、利用ユーザーの移動利便性の向上のみを目的とするならば、自社でタクシー車両を保有し展開することになるはずだ。それを運転手という外部ステークホルダーを巻き込むことで、スピードとインパクトを最大化しているのである。ターゲットとする顧客への課題解決を、別ステークホルダーを巻き込んでどうやって実現するかという観点から、プラットフォームのモデルを設計することが重要である。

リスクを取って参加者を募る

こうしたエコシステムを形成するために、エコシステム企業間においてウィン－ウィンの関係性を作る必要があることは当然であるが、どのように需要者・供給者をエコシステムに巻き込み、立ち上げにこぎつけるかも大きな論点となる。「ニワトリが先か、卵が先か」という問題である。

先述のとおりプラットフォームビジネスは、需要者が増えれば増えるほど供給者が集ま

図表27 エコシステム形成のための論点とアクション

プラットフォーム名	需要者	供給者	他エコシステム	立ち上げ時の論点
建設業プラットフォーム LANDLOG	建設業企業	アプリケーションベンダー	接続機器メーカー 建設企業 金融機関 等	コマツ、パートナー企業（NTTドコモ、オプティム、SAP）のネットワーク＋公募を通じてLANDLOGパートナー会を立ち上げ
酪農・畜産プラットフォーム ファームノート	酪農・畜産 生産者	（データ 分析結果）	自治体 獣医 育種企業	立ち上げ当初はアーリーアダプターのコア顧客のフィードバックをもとに、サービスをブラッシュアップ
イノベーションマッチングプラットフォーム リンカーズ	技術を探索する企業	技術を有する企業	産業コーディネーター	技術を有する企業とのネットワークを有する産業コーディネータと連携することにより、マッチングのカバレッジを拡大
コニカミノルタ 中小企業エッジIoTプラットフォーム Workplace Hub	中小企業	アプリケーションベンダー	他PF（シーメンス、Trumpf）	自社ハードをインターフェースに顧客基盤の有する他PFとも接続することで利用者を拡大
スマートキッチン・ プラットフォームOiCy	消費者	家電機器メーカー キッチンメーカー	（既存レシピプラットフォーム）	立ち上げ段階ではカテゴリーごとのコアメーカーパートナとソリューション創出し、今後オープン化する計画
医療関係者間コミュニケーションアプリ 「Join」	病院 （救急現場）	病院 （専門医）	患者 学会、政府	医師と連携しアプリ国内初の保険適用認定を受けることや、認証実績の学会発表等を通じて病院への浸透を実現
モビリティ・Fintech プラットフォーム GMS	働くための自動車ローンがおりない 生活者	金融機関 自動車企業	政府	立ち上げ当初は自社資金でサービス運用を行い、実績を作った後に金融機関と連携
東南アジア農業Fintechプラットフォーム AGRIBUDDY	農村農家	金融機関 農業資材企業	農村リーダー BUDDY	金融機関の位置づけを立ち上げ当初は自社資金で担い、実績を蓄積後に連携

り、同様に供給者が増えるほど需要者が集まるサイクルが生まれるビジネスである。これらのサイクルが一度回り始めると加速度的にビジネスが展開されていくが、その最初の流れを需要者側から起こすのか、供給者側から起こすのかを検討する必要がある。

順番としては、需要者を先にネットワーク化した際に、供給者の不足により需要者側の不満を生んでしまうことを避けるためにも、まずは一定程度の供給者を集めたい。そのうえで、需要者として先進的なサービスを先んじて導入する「アーリーアダプター」を中心に巻き込んでいくことで、最初の流れを起こすケースが多い。

その際に、エコシステム形成において、ネットワークを構築するためのキーとなる人物や組織を押さえることが重要である。たとえば、技術を探している企業と、技術を有している企業のマッチングプラットフォームのリンカーズは、各地域において現地企業の指導などを行っている産業コーディネーターと連携することで、早期により多くの技術保有企業へのアプローチを可能とした。リンカーズの前身事業で関係性のあった東北経済連合会と連携することで、同会とかかわりのある200名の産業コーディネーターのネットワークを通じ、数千社の技術保有企業に供給者ネットワークに参加してもらうことが可能となった。

エコシステムの供給側の問題として、実績がなければ協力をしてもらうことが難しく、立ち上げ段階で揃えることができない領域も存在する。ローンや与信を提供する金融機関が代表例である。その際には、まずはユーザーを含めたプラットフォーム上でのビジネスを回すためにも、ビジネスモデル実証として、自社がその役割を一時的に担うことで、実績・データを作り、そのうえで連携を呼びかけていくことが必要となる。

たとえば農村を束ねるバディが集めた農業生産性データをもとに、金融機関からクレジットを受けて融資を得られる仕組みを提供している東南アジア農業IoT・フィンテックプラットフォームのアグリバディがこれにあたる。

また、自動車のローンがおりず就業ができない人に、車載IoTデバイスを通じて取得されるデータや稼働制御をもとに、グローバルで金融機関のローンがおりる仕組みを提供しているのが、フィリピン創業のグローバル・モビリティ・サービスである。初期段階においては自社の資金を投入し、金融機関の役割を担うことで、まずビジネスモデルの実証を行った。これらの実績を活かし、最終的には金融機関のエコシステムへの組み込みに成功している。このようにエコシステム形成には、労力と、プラットフォーマー側によるリスクテイクや覚悟も必要となる。

オープン化で早期に規模を拡大する

プラットフォームビジネスは時間との勝負の面も大きく、競合に先を越されてしまうと一気に主導権を握られてしまうリスクがある。自社でのリスクテイクや、役割を一時的に担うかどうかも含め、さまざまな組み合わせをビジネスモデルとして実証し、早期に事業立ち上げを行う必要がある。このためにも、すべてを社内で開発・調達するのではなく既存の機能モジュールや技術、ネットワーク・ノウハウを活用することが必要となる。

加えて、既存のビジネスの競合関係にとらわれない、オープンな視点を持つことも重要だ。既存ビジネスの延長線上で考えてしまうと、メーカーなど供給側の論理で細分化されてしまうことも多く、ユーザーが利用しづらく、プラットフォームとしてのインパクトに欠けてしまう。

先述のコマツのLANDLOGは、自社建機にとらわれず競合建機も含めたオープンデータプラットフォームを志向したことにより、価値を高めようとしている。実サービスはコマツももちろん提供するが、競合も含むパートナーがオープンに担う形を想定している。LANDLOGはパートナー会を組織し、ハードウェアベンダー、ノウハウや課題を持っている建設業界関連企業、アプリケーション開発企業など、幅広い企業カテゴリーによってエコシステムが形成されている。

またトヨタは、自動車ビジネスがCASE化（コネクテッド、自動運転、シェアリング、電動化）やMaaS（Mobility as a Service：移動のサービス化）といった大きな変化が起こっているなかで、競合自動車企業・IT企業のみならず、外食／小売／ヘルスケア企業など産業横断での連携を通じた大きなうねりを起こし、その中心に存在することでプラットフォームを形成しようとしている。

この「eパレット」構想のもと、トヨタはライドシェア大手のウーバー／滴滴やアマゾン、ピザハットなどとの連携を発表。また今後のモビリティサービス・プラットフォームの展開に向けて、ソフトバンクと合弁会社モネ・テクノロジーズを設立し、既存の競合関係や、ビジネス取引にとらわれないオープンな協業体制であるモネ・コンソーシアムを発表している。今後、競合や業界のくくりにとらわれない大きな動きの中心に位置し、オープンなプラットフォームの規模を拡大していくことが想定されている。なお、トヨタについては、プラットフォーム連携と、セグメンテッド・プラットフォームの両輪を回している企業であり、その部分については後述する。

ここからは、オープンなエコシステム形成を行っている事例として、クックパッドマートのスマートキッチン・プラットフォームのＯｉＣｙと、ＬＡＮＤＬＯＧの合弁パートナーであり自社としても農業・医療などのプラットフォーム展開を行っているオプティムを紹介したい。

事例③　クックパッド「ＯｉＣｙ」

２０１９年９月末時点で世界74カ国／地域に展開し、月間利用者約９６００万人の料理レシピ投稿・検索プラットフォーム「クックパッド」。ＯｉＣｙは、同社によるスマートキッチン・プラットフォームである。クックパッドに蓄積、または新たにユーザーが投稿したレシピデータを各家電メーカーと連携し、キッチン家電機器が読み取り可能な形式（MRR：Machine Readable Recipe）に変換。それにより、調理の自動制御や高付加価値な料理体験とユーザーコミュニティを実現することを目指す。

家電・センサーなどを通じて収集したユーザーの健康／好き嫌い／家族の状況や、家庭にストックされている食材データをもとにレシピを提案し、それにもとづいて各メーカーの家電に調理方法を伝え、コントロールする。収益源は、現在のところユーザーからの月

図表28　スマートキッチンサービスOiCy

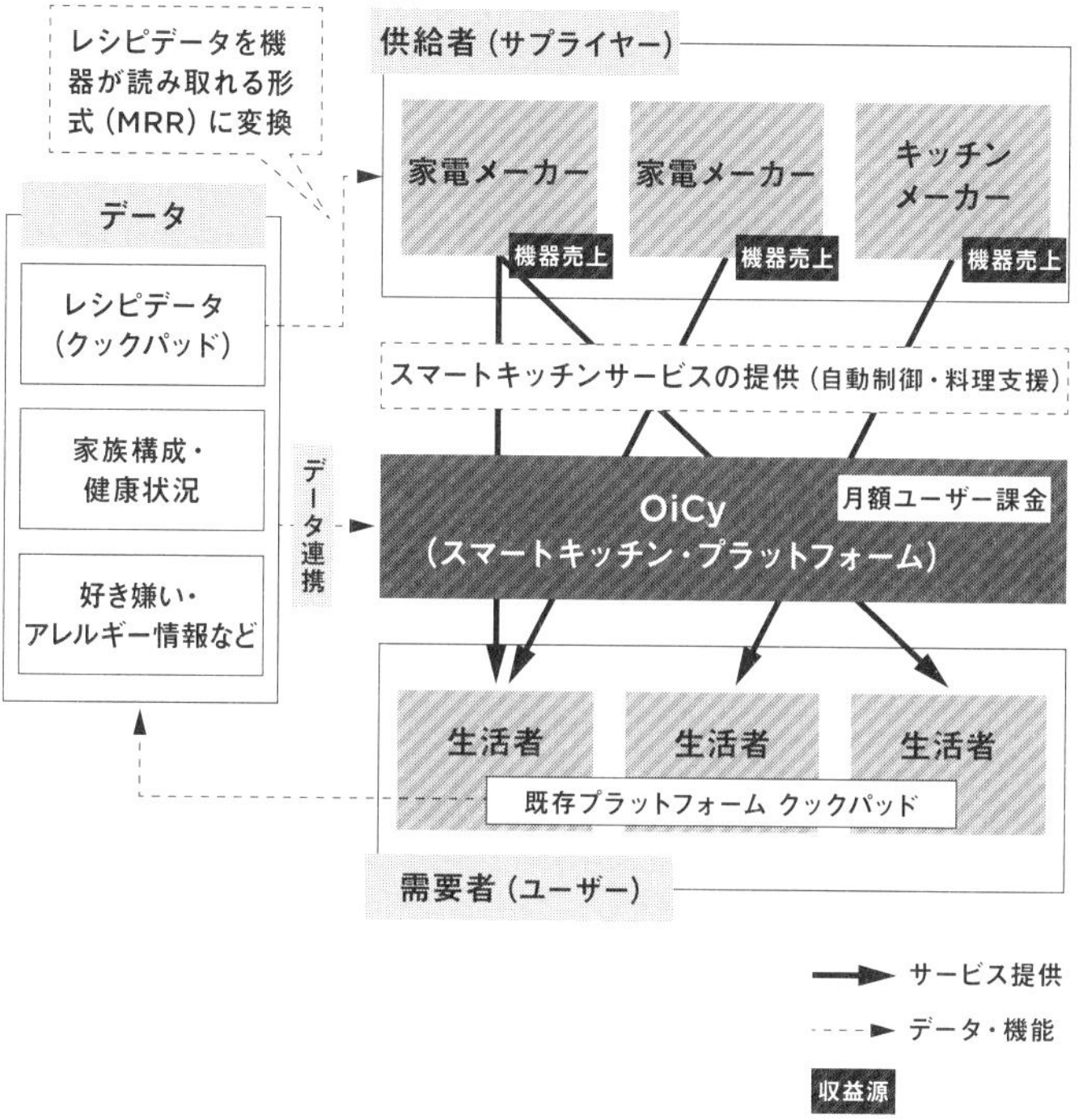

額課金などを想定している。

日立、シャープ、タイガー魔法瓶、パナソニックといった家電メーカーや、リクシル、クリナップといったキッチンメーカーなど10数社がＯｉＣｙの現在のパートナーだ。パートナー企業と合宿や、コンセプトの共同ユーザーテストも含めた頻繁な議論を行い、ユーザー体験・提供価値の模索、サービスの共同開発を行っている。現在は各製品カテゴリーの特定コアパートナーを通じてユーザー体験モデルを作っている段階であるが、今後はその型をもとに横展開し、よりオープンなエコシステムを形成していくことを目指している。

まずはコアパートナーと「型」を作ることで、次のステップに移行したとき、さらに多様なプレイヤーがエコシステムに参画することが期待できる。そうした形に設計しておくことが重要であり、ＯｉＣｙはその代表例であると言える。

また、ＯｉＣｙはオープンなエコシステム形成を通じて、業界全体としてのプラットフォームの浸透を図っている。たとえば、コンセプトモデル機として展開しているレシピ連動調味料サーバー「OiCy Taste」の設計情報（システム構成、ハードウェア構成、３Ｄ設計データ、電子回路構成など）はウェブサイト上で公開している。

「スマートキッチンのムーブメントを盛り上げ、個人／企業を問わず、共にスマートキッ

図表29　OiCyにおけるスマートキッチンレベル定義

レベル	名称	概要	調理主体	目標年
0	人力調理	ユーザーがすべての調理タスクを実行。	人間	(現在)
1	固定機能支援	機器がプリインストールされた機能により調理の一部を実行。	人間	(現在)
2	ネットワーク連携支援	機器はネットワークに接続され、追加機能や多様な情報を取得し、それにもとづきユーザーに合ったレシピ提案や調理を実行。	人間	2019
3	機器横断的自動化	複数の機器がネットワークに接続され、機器が同じレシピを参照し、それぞれの調理を実行。	人間	2021
4	全自動化	機器は機器同士の物理連携も含め、ユーザーの最小限の支援のもと、自律的にすべての調理を実行。	機器	2026
5	人間・機器協調	機器がすべての調理を自律的に実行することができ、ユーザーは機器のサポートを受けながら自由に創意工夫し、機器と協調して調理することが可能。	機器・人間	2030

チンの研究開発に取り組む仲間を増やしたい」との思いから、コアノウハウの塊であるコンセプト機器の情報をオープンにしているのである。日本企業は往々にしてコア技術やアイデアを囲い込みがちであるが、ＯｉＣｙの事例はオープン化を通じたエコシステム／仲間づくりの参考となるだろう。

さらに、ＯｉＣｙはスマートキッチンにおける発展レベルをパートナーとともに定義している。さまざまなコンセプトが登場し始めているスマートキッチンにおいて、パートナーとタッグを組んで自社プラットフォームの目指しているコンセプトを業界標準にするべく動いているのである。日本企業は、技術で勝っているものの、標準を奪われグローバルでの競争に敗れるケースは枚挙にいとまがない。プラットフォームビジネスなどの新しい領域においては、パートナーと連携した標準づくりは重要なカギを握る。

事例④　オプティム

オプティムは佐賀県に本社を構える２０００年設立のＩＴ企業である。「ネットを空気に変える」をミッションに幅広い事業を展開。自社コア機能のOPTiM Cloud IoT OSを基

図表30　オプティムのプラットフォーム展開の考え方

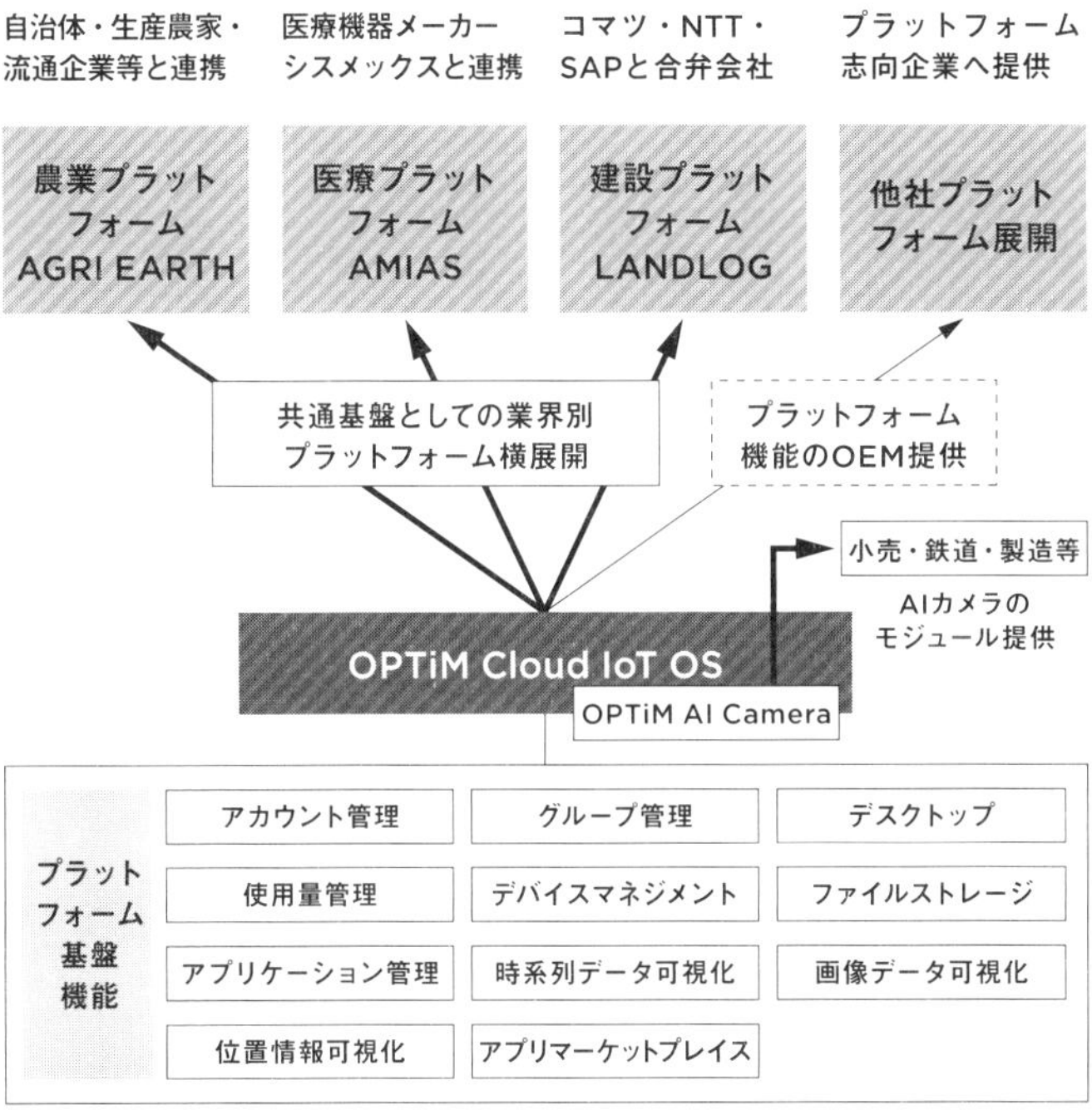

盤として、パートナーと共同で農業／医療／建設業界でのセグメンテッド・プラットフォーム展開を行っている。その他の業界においても、プラットフォーム機能の外販（OEM提供）を行っていく考えだ。OPTiM Cloud IoT OSはプラットフォームを構成する主要機能を備えており、ユーザー企業はこの機能を活用することで自社プラットフォームを構築することができる。

オプティムのプラットフォーム展開の特徴は、各領域でユーザーとなる主体や、顧客接点・産業知見を持っている企業、その他ビジネス展開における周辺プレイヤーとの連携を通じて強固なエコシステムを形成していることである。自治体や大学も含めたオープンなエコシステム形成は、自社製品の関連企業という閉じた領域で検討を行いがちな日本企業にとって示唆に富んでいる。

農業プラットフォーム「AGRI EARTH」

AGRI EARTHでは、生産者・流通小売・金融機関・自治体などと連携したデータをもとに、ドローンを活用した生産性向上、トレーサビリティ担保、遠隔作業支援などの各種診断・分析アプリケーションを提供している。たとえば、ドローン／AIを用いた病害虫被害発見サービスでは、米・大豆などの作物別に細かく教師データを作成し、高精度な分析を行う。

展開にあたり、「スマート農業アライアンス」を組織し、生産者・流通小売・金融機関・自治体などの関連組織とのエコシステム形成を図っており、2019年2月末時点で1000団体以上が所属している。生産者からサービス利用料を取るのではなく、以下のように強固なエコシステムのなかで戦略的に収益を上げられるよう設計されている。

ドローン／AI／センサーデバイスなどの機器を生産者に無料提供し、AGRI EARTHを活用して生産された減農薬作物をオプティムが全量買い取る。その減農薬作物を提携流通・小売企業を通じて販売したり、自治体と連携しふるさと納税の返礼品として活用してもらうことで、収益回収を行うモデルとなっている。

医療画像診断支援AI統合オープンプラットフォーム「AMIAS」

AMIASにおいても同様に戦略的なエコシステムの設計がなされている。AMIASは、PACS（医療用画像管理システム）や、CT／MRIなどの病院内システムをベンダーフリーで接続し、そこから得られたデータを活用した各種アプリケーション・サービス提供を行う、画像診断支援AI統合プラットフォームである。臨床検査機世界トップシェアの日本の医療機器メーカーであるシスメックスと連携することで、ユーザーである病

図表31　AMIASのイメージ

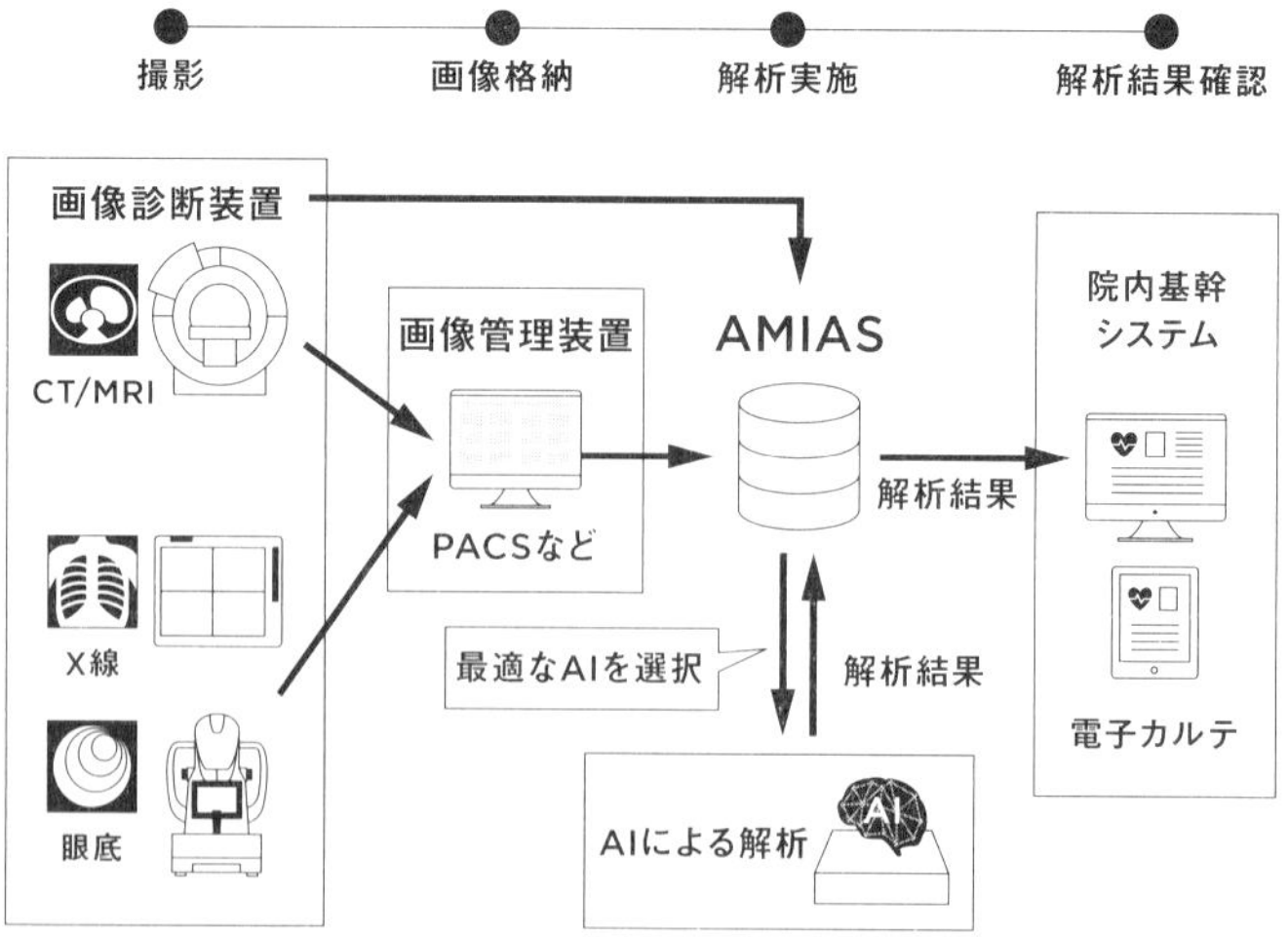

出所　https://www.optim.co.jp/medical/amias/

院への早期浸透を図るとともに、佐賀大学と綿密な連携を行っていることも特徴である。

AIを用いた緑内障画像診断の高度化に向けて佐賀大学医学部と「メディカル・イノベーション研究所」を設立。提供される臨床画像を活用し、共同でサービスの高度化を行っている。また、AIによる判断のための教師データアノテーション（画像のタグ・意味づけなど）は工数・リソースがかかる部分であるが、学生アルバイトを積極的に活用し、画像判断の高精度化を実現している。

ポイント③　ビジネスモデル・収益源を戦略的に設計せよ

いかに収益スキームを設計するのか

先述のとおりプラットフォームビジネスは、需要者、供給者や、その他パートナーといった複数のステークホルダーの相互関係のもとで展開されるビジネスである。必ずしも需要者から収益を得るモデルとは限らず、戦略的な収益源の設計が重要となる。

図表32が本書で紹介するセグメンテッド・プラットフォームの収益源である。

図表32 セグメンテッド・プラットフォームの収益源

プラットフォーム名	収益源（誰からお金を取るか）	収益スキーム（プラットフォーム）				⑤付帯事業（別機器等）売上
		①手数料	②月額課金	③従量課金	④広告	
建設業プラットフォーム「LANDLOG」	供給者（アプリ提供者）、その他エコシステム（他パートナー）	●（アプリ売上手数料）	●（パートナー会費）	-	-	-
スマートキッチンプラットフォーム「OiCy」	需要者（生活者）	-	●（ユーザー課金）	-	-	-
オプティム農業プラットフォーム「AGRI EARTH」	その他エコシステム（減農薬野菜購入者／流通・卸・自治体）	-	-	-	-	●（減農薬野菜の販売／ふるさと納税）
医療関係者間コミュニケーションアプリ「Join」	需要・供給者（病院）	-	●（病院課金）	-	-	-
モビリティ・FinTechプラットフォーム「GMS」	供給者（金融機関）	●（ローン手数料）	-	-	-	-
生鮮食品ECプラットフォーム「クックパッドマート」	需要者（生活者）	●（生鮮食品販売手数料）	-	-	-	-
ドローンサービスプラットフォーム「テラドローン」	需要者（ドローンサービス使用企業）	-	●（UTM利用料／月額）	-	-	●（ドローンサービスフィー）
イノベーションマッチングプラットフォーム「リンカーズ」	需要者（マッチング）	●（マッチング手数料）	-	-	-	●（銀行向けマッチングシステム）
東南アジア農業FinTechプラットフォーム「AGRIBUDDY」	銀行、資材メーカー	●（ローン手数料、資材販売手数料）	-	-	-	-
コニカミノルタ中小企業エッジIoTプラットフォーム「Workplace Hub」	需要者（導入企業）、供給者（アプリ提供企業）	●（アプリ売上手数料）	●（基本月額料金）	●（従量課金）		●（複合機ハードウェア売上）

①手数料課金モデル

「手数料課金」は、プラットフォームの収益源の設定として最も多いパターンである。LANDLOGはマーケットプレイス上で提供される他社アプリケーションの売上手数料をアプリ提供者（サプライヤー）から得ているほか、リンカーズやクックパッドマートも同様に手数料をサービス需要者（ユーザー）から得ている。

また、GMSやアグリバディは、自社プラットフォームが介在し、データ共有を行うことによってビジネス機会を提供している対象から手数料を得ている。たとえばGMSは車載IoTデバイスで支払状況／稼働データをモニタリングする仕組みを提供することにより、いままで審査を通らなかった生活者がローンを組み、購入ができるようにしている。その結果として、ビジネス機会が広がった金融機関と自動車会社から手数料収益を得ているのである。

同様にアグリバディも、支払能力を示すデータを持っていなかった農村／農家の生産性データを、農家を束ねる存在である「バディ」を通じて蓄積し、そのデータをもとに金融機関から融資を得たり、適切な農業資材が購入できる仕組みを作り上げている。その結果として、金融機関と農業資材企業から手数料を得ているのである。

②月額課金モデル

「月額課金」は、プラットフォーム利用にあたり需要者（ユーザー）に定額課金する形態である。スマートキッチン・プラットフォームのＯｉＣｙは自社コア事業のクックパッド同様にユーザー月額課金での収益モデルを想定している。

また、救急医療コミュニケーションアプリのアルム「Ｊｏｉｎ」も、同様に病院への月額課金を行っている。海外においてはフィンランドの「ＭａａＳグローバル」が展開しているＷｈｉｍがサブスクリプション型での課金を行っている。Ｗｈｉｍは公共交通のみならず、タクシー、レンタカー、カーシェア、自転車シェアなどのあらゆる移動手段の情報を統合し、ユーザーが月額定額課金で移動手段を利用できるようにしている。

先述の独シーメンスの産業ＩｏＴプラットフォームも同様に、ＯＳ使用料という形で、アプリケーションのレベニューシェアとともに、マインドスフィアユーザー企業に月額課金を行っている。

③従量課金モデル

サービスの利用状況に応じた従量課金モデルである。コニカミノルタの中小企業エッジ

IoTプラットフォームである「ワークプレイス・ハブ」は、複合機をプラットフォームに接続し、各種中小企業が求めるITサービスをオープンOS型で提供する形態である。複合機価格とITサービスを、初期投資額の必要ない従量課金モデルによって徴収している。海外企業における従量課金モデルとしては、例えばAWS、アジュール、GCPなどのクラウドサービスなどが挙げられる。

④付帯事業売上モデル

プラットフォームビジネスはデータ蓄積、エコシステムの形成などを含め、マネタイズまでに時間を要することが多い。事業を継続するためには、マネタイズまでの収益源を確保する必要がある。

ドローンサービスプラットフォームのテラドローンは、ドローン運行管理システムプラットフォームであるUTMを展開している。黎明期のドローンサービスにおいては、まだその収益化までには時間がかかると見ており、自社で世界トップクラスシェアのドローンサービサーとしてのポートフォリオを構築し、そこで得た収益をもとにプラットフォームの強化を図っている。

プラットフォームビジネスはデータの蓄積、エコシステムの拡大に伴う収益化までに時間がかかるケースが多い。その「死の谷」を越える期間までに、大企業であれば近視眼的な回収年数基準、スタートアップでは投資家からの収益化期待をクリアしなければならない。事業を存続させるためにも、プラットフォームに付随する周辺領域でのマネタイズもあわせて検討する必要がある。

⑤フリーミアムモデル

必要なハードウェア・機器などを無料で提供し、プラットフォームサービスもしくは、生産物を通じて回収するフリーミアムモデルも取られている。導入ハードルを下げて広く浸透させることにより、プラットフォームとしてのエコシステムを強固にするとともに、別途設計する収益源で回収するのである。

先述のオプティムがそれにあたる。オプティムの農業プラットフォームのAGRI EARTHは農業プラットフォームサービス活用に必要となるセンサー／ドローン／AI／デバイスなどの機器／ソフトウェアなどは、農業生産者に無料で提供している。プラットフォームを活用して生産された減農薬作物をオプティムが全量買い取り、自社で開拓した流通・小売店網に販売したり、自治体と連携してふるさと納税の返礼品として活用してもらうことで収益を得るモデルを取っている。

図表33　フリーミアム戦略を取っているセグメンテッド・プラットフォーム(エアペイ)

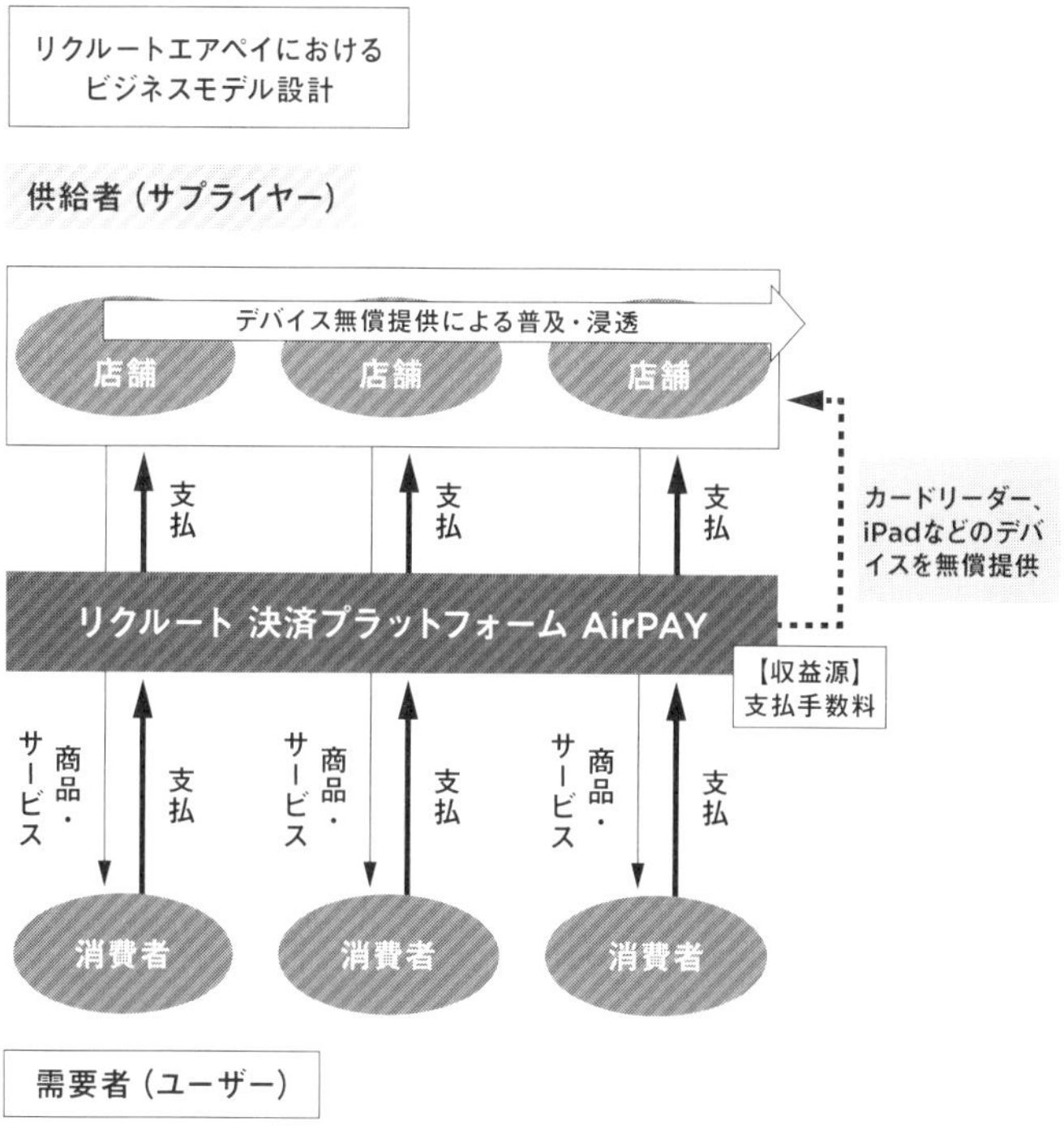

本書で詳述している企業のほかに、フリーミアムモデルを取るプラットフォームはリクルートの決済プラットフォームの「エアペイ」が挙げられる。エアペイはクレジットカードやQRコード決済、ポイント決済などのキャッシュレス対応を行いたい店舗に対して、導入に必要となるカードリーダーやiPad、アプリケーションなどを無料で提供している。初期投資とともに月額運用費も課金しておらず、浸透を通じて決済金額に対して一定割合で課金する決済手数料で回収するモデルとなっている。

海外事例ではユーチューブなどが該当する。動画投稿プラットフォームサービスを動画閲覧者である需要者や、投稿者である供給者に対して無料で提供し、広告で収益を得るモデルである。

誰を収益源と設定するのか

プラットフォームビジネスは必ずしもサービスの需要者（ユーザー）から収益を得る必要はない。誰から収益を得るかを設計する際のポイントは、誰が最も資金を持っていて、プラットフォームから得られる便益に対価を支払う財力があるかを見極めることである。

たとえば、消費者・患者と、企業・病院が関係するプラットフォームである場合、一般的には企業・病院の方が資金を持っており、収益源と設定しやすい。

一例を挙げると、ヘルスケアに関するプラットフォームにおいて、患者に対してサービスを提供して患者から収益を得ようとすると、持続的なビジネスモデルとならないケースも多い。医療機関・製薬企業を収益源とする方がビジネスとして成立しやすいのである。ヘルスケアＩＴ企業のアルムはその設計を効果的に行っている事例である。

また、新興国における消費者向けサービスにおいても、同様に企業側を収益源とすることが持続的な価値提供を行ううえで重要となる。フィリピンで起業されグローバルに展開しているモビリティＩｏＴ×フィンテック企業のＧＭＳは、戦略的に収益源を設計することで持続可能な価値提供を可能にしている例である。

プラットフォームビジネスは複数のステークホルダーの関係性を、どこから収益を得るかも含めて設計することが重要となる。先述のアルムとＧＭＳのケースを以下にご紹介したい。

事例⑤　アルム「Ｊｏｉｎ」

アルムは２００１年に設立された、ヘルスケア領域でプラットフォーム展開を行うＩＴ

企業である。世界17ヵ国で事業を展開し、国内外約2300の医療・介護機関に医療・介護ICTシステムを提供している。医療関係者間コミュニケーションアプリ「Join」のほか、下記のプラットフォームを展開している。

救急搬送トリアージアプリ「Join Triage」
地域包括ケアシステム推進ソリューション「Team」
救命・救急補助スマートフォンアプリ「MySOS」
訪問介護事業者向けタブレットアプリ「Kaigo」
訪問看護事業者向けタブレットアプリ「Kango」

JoinはPACS（医療用画像管理システム）などの院内システムと連携し、CT／MRI／X線／心電図などのDICOM規格（医療画像の国際規格）のデータをモバイル端末で確認できる。夜間・休日などで専門医が病院内にいなくても、遠隔地から画面で患者の状態を確認でき、チャットや通話で治療の指示ができる。専門医の確保が難しい山村地区での専門医療の提供や、医療関係者の勤務時間の削減につながる。独自のチャネルだけでなく、多数の企業と連携して展開することでプラットフォームを

図表34　アルム Joinのプラットフォーム展開の考え方

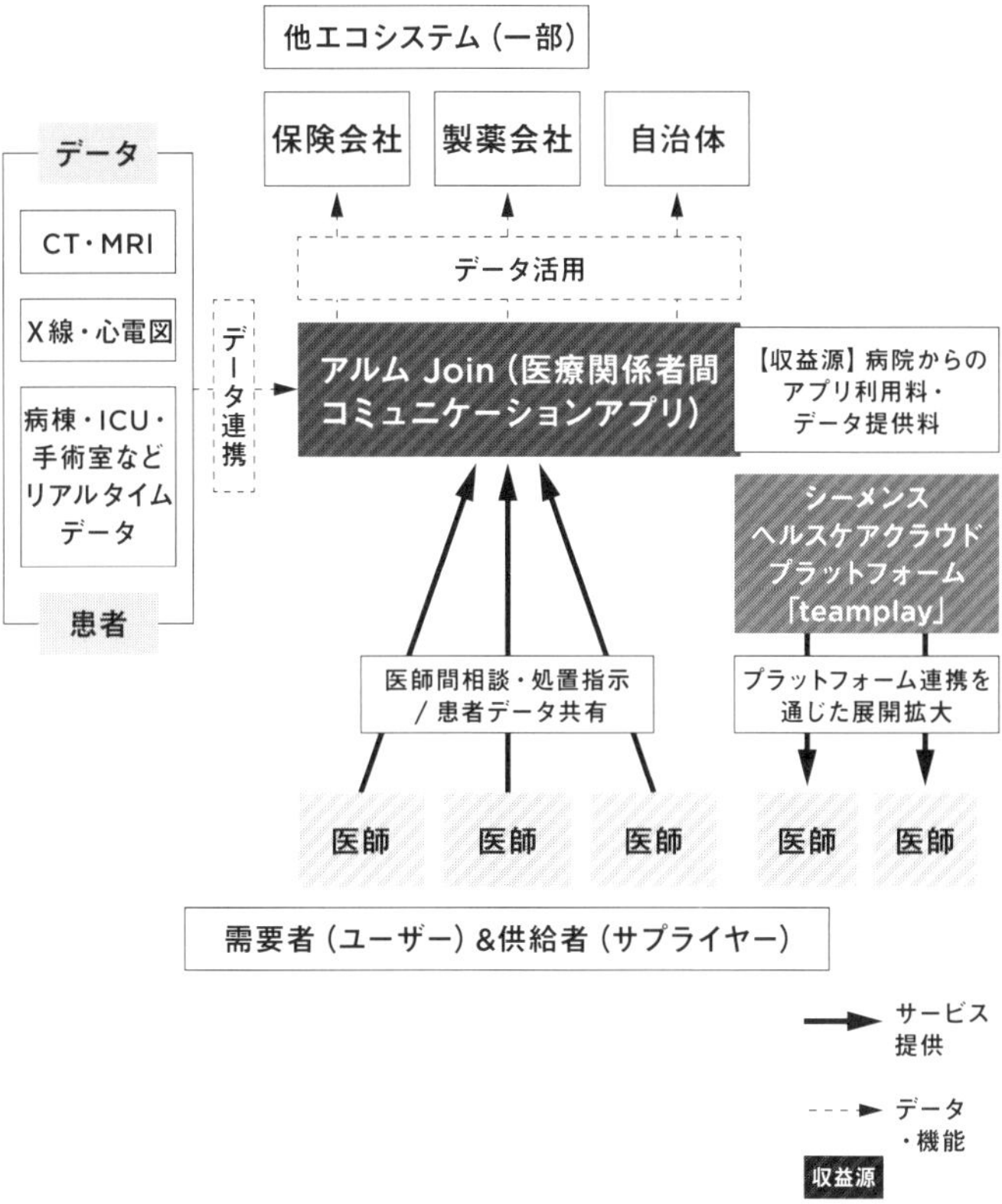

拡大しているのも特徴と言える。たとえばシーメンスのヘルスケアクラウドプラットフォームの「ｔｅａｍｐｌａｙ」とアプリケーションを連携させることで、自社単独では展開できなかった国へのチャネルを得ている。救急医療分野のセグメンテッド・プラットフォームであると同時にプラットフォーム連携を行うハイブリッド事例でもある。

Ｊｏｉｎが開発当初よりターゲットの一つとしている脳卒中・心疾患などの急性期疾患は、発症後は「時間との戦い」であり早期対応できるかどうかが生存率を大きく左右する。東京慈恵会医科大学附属病院の医師と連携して開発され、２０１６年4月には医療機器プログラムとしては国内初の保険適用認定を受けている。生存率を左右するクリティカルな領域も扱っておりＩＴ導入効果が訴求しやすいことや、医師との綿密な連携により保険適用認定を受けていることがきっかけとなり、ＩＴへの抵抗が根強い医療業界においても広く浸透した。

そしてさらに大きな特徴が、患者ではなく医師（病院）を収益源としていることである。ヘルスケア系のアプリケーションでは患者側を収益源とするモデルを取り、マネタイズに苦戦するケースが多い。Ｊｏｉｎはエコシステムの中にあり、当該アプリによる死亡率低減などによるメリットが大きく支払い能力を持っている病院を課金対象とすることにより、早期の収益化、持続的な展開を可能としている。

事例⑥　GMS

ＧＭＳ（Global Mobility Service）は２０１３年に創業し、現在ではフィリピン、カンボジア、インドネシア、韓国、日本に拠点をかまえる金融包摂型フィンテックのグローバルベンチャー企業である。「真面目に働く人が正しく評価される仕組みを創造する」をビジョンとしており、働くために車両が必要であるが、ローン審査に通らない生活者を対象として、プラットフォーマーとして金融機関や自動車メーカーなどとエコシステムを構築することで新たな市場を形成している。

これまでは、銀行口座を持っていないといった理由でファイナンスにアクセスできない人は、自動車ローン審査に通ることはできなかった。そのため、真面目に働きたくとも貧困層や低所得者層は新規に自動車を手に入れることはできず、就ける職が制限される。劣化した車両をやむを得ず使用することによる環境への悪影響／騒音や、不利な条件で車両レンタルをさせられ、搾取され続ける構図が世界で社会問題となっている。

ＧＭＳは自社開発したＩoＴデバイス（ＭＣＣＳ）を車両に設置することで、利用データの取得とともに支払状況に応じてエンジンの遠隔起動制御を可能にし、金融機関からのローン借入・自動車購入を可能にしている。これまでのGMSのサービス利用者の車両走行距離は1億キロを突破しており、地球約2500周分を超えている。

GMSの提供価値は、職に就けなかった層に経済的自立をもたらしていることや、環境・騒音問題の解消につながっていることなど、社会的意義が大きい。同時に重要なポイントが、ステークホルダーがこれまでターゲットにできなかった顧客層へのビジネスを新たに創造していることだ。

金融機関・自動車会社の双方にとって、これまでは適切な審査判断材料がなく、ターゲットから外さざるを得なかった対象に、GMSのプラットフォームを介してビジネス機会を提供している。先述のとおり、自動車ニーズがあるものの、ローン審査が通らず提供ができていない層が世界に約17億人も存在する。世界中の自動車メーカーの総販売台数が年間約1億台であることに鑑みると、GMSが媒介することによるビジネスインパクトは大きい。

その結果として、GMSのビジネスモデルは、貧困層・低所得層から収益を得るのではなく、金融機関から手数料を得るという形態が取れている。GMSの独自オペレーションによりデフォルト（債務不履行）率は約0・9％と非常に低い水準で、また、デバイスやプラットフォームに関する特許技術を有しているため参入障壁も高い。プラットフォーム

図表35　GMSのプラットフォーム展開の考え方

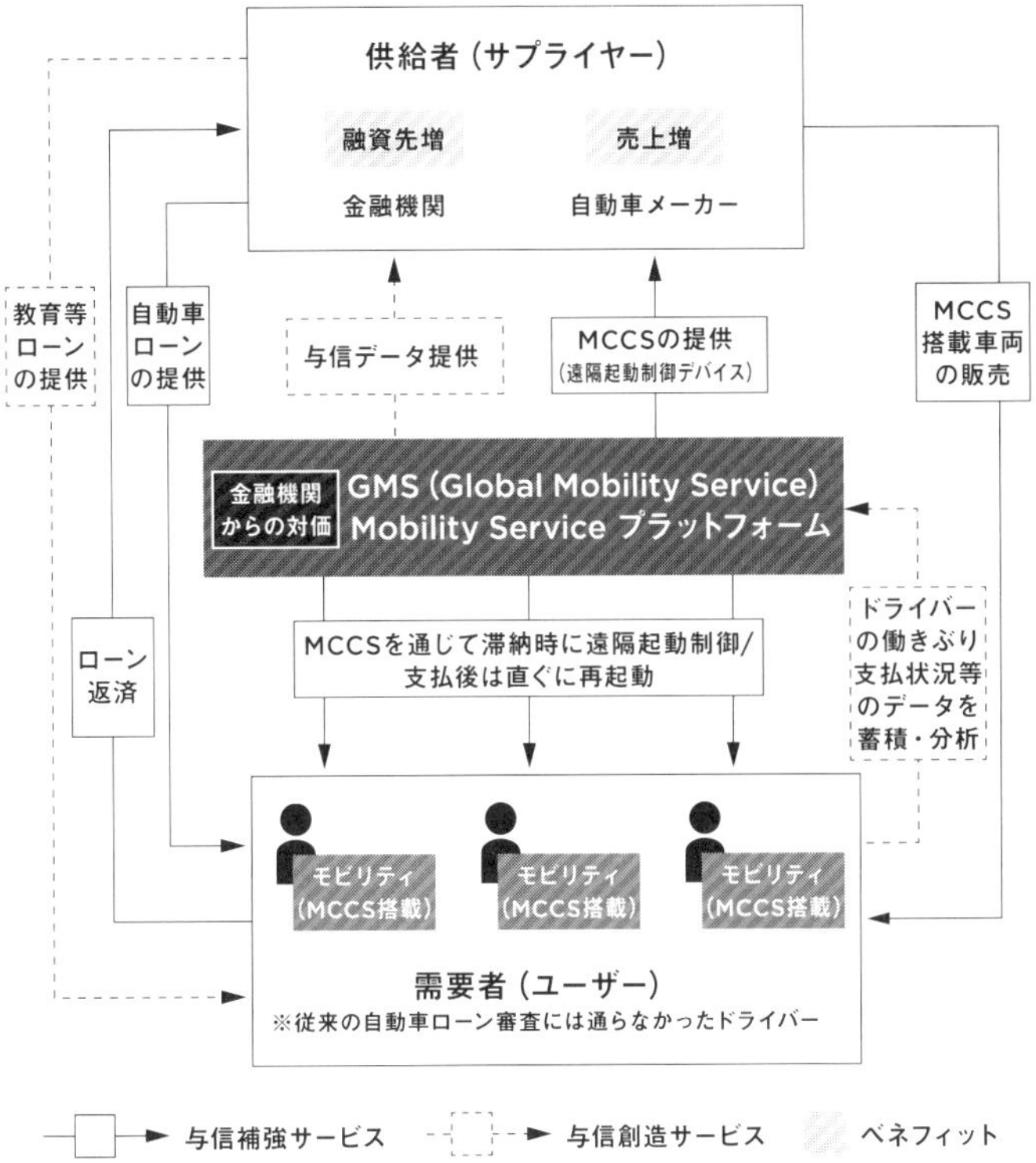

として持続的な価値提供を行ううえで、経済合理性が設計されている。

このように、社会課題を解決するなかに経済合理性をいかに創出できるかがキーポイントとなる。

ポイント④　自前主義を捨て既存機能を徹底活用せよ

他社のリソースを活用せよ

本書の冒頭から繰り返しているように、プラットフォーム機能を構築するにあたって、すべて自社のみで構築しなければならないのではないか、十分なＩＴリソース・ノウハウがある企業でないと展開できないのではないかと考える方も多いようだ。しかし、実際に展開しているプラットフォームを丁寧に分解していくと、既存機能をフル活用して、自社の強みとなる部分のみにフォーカスしてリソースを投入し、構築しているケースが多い。

プラットフォームビジネスは顧客やパートナーのニーズに応じて柔軟に変化していかなければならず、しかも顧客基盤の奪い合いのスピード勝負でもある。そのなかでゼロからカスタマイズで構築していては間に合わない。

既存の機能もハード・ソフトに限らず相当な低価格化が進んできており、それらを組み合わせることで早期にプラットフォームの叩き台を作ることはできる。それをもとにビジネスの状況に合わせて調整を行っていく形を取るべきだろう。

また、プラットフォームにおける各種機能に関しても、APIを連携させることで外部機能を効率的に活用することができる。APIとはアプリケーション・プログラミング・インターフェースの略称であり、自社ソフトウェアの一部を公開し、他社ソフトウェアとの機能共有を可能にする仕組みである。

たとえばウーバーはさまざまな機能モジュールをAPI連携によって組み合わせていることで知られている。地図機能はグーグル、通話・SMSはトゥイリオ、決済はアディエンなどのモジュールを活用している。逆にウーバーの機能をAPI公開してトリップアドバイザーなどの他社サービスと接続している。

自社の得意領域の産業等向けに、既存プラットフォームのコア機能を活用し、共同でプラットフォーム開発を行ったり、自社ブランドにリパッケージ化したりすることも行われている。

たとえば、フォルクスワーゲンは、AWSと連携して、フォルクスワーゲン・インダス

図表36 ＶＷとＢＭＷのプラットフォーム展開

トリアル・クラウドを展開している。また、BMWはマイクロソフトのアジュールと連携してオープン・マニュファクチャリング・プラットフォームとしてリパッケージ化している。各産業／企業が持っている「現場ノウハウ」「課題意識」を組み合わせることで、競争力を発揮しているのである。

日本企業でも広がる

同様に日本企業における既存プラットフォームのコア機能を活用して、自社プラットフォーム展開を図っている例としてはパナソニックのビューレカが挙げられる。ビューレカは、エッジIoTカメラの映像データを分析する映像分析プラットフォームである。プラットフォームにおけるコア機能にはAWSが活用されており、IoT向けサービス「グリーングラス」、深層学習サービス「アマゾン・セージメーカー・プロ」などのコア機能を活用している。

既存他社機能を活用することで、自社コア技術とビジネスモデルの構築にフォーカスしており、いままで日本ではあまりなかった先進事例と言えるだろう。ビューレカは九州で24時間営業スーパーマーケットを営業するトライアルカンパニーなどで導入が進んでいる。

日本企業でプラットフォーマーに必要なコア機能をパッケージ化している企業も存在す

図表37　パナソニックのビューレカ

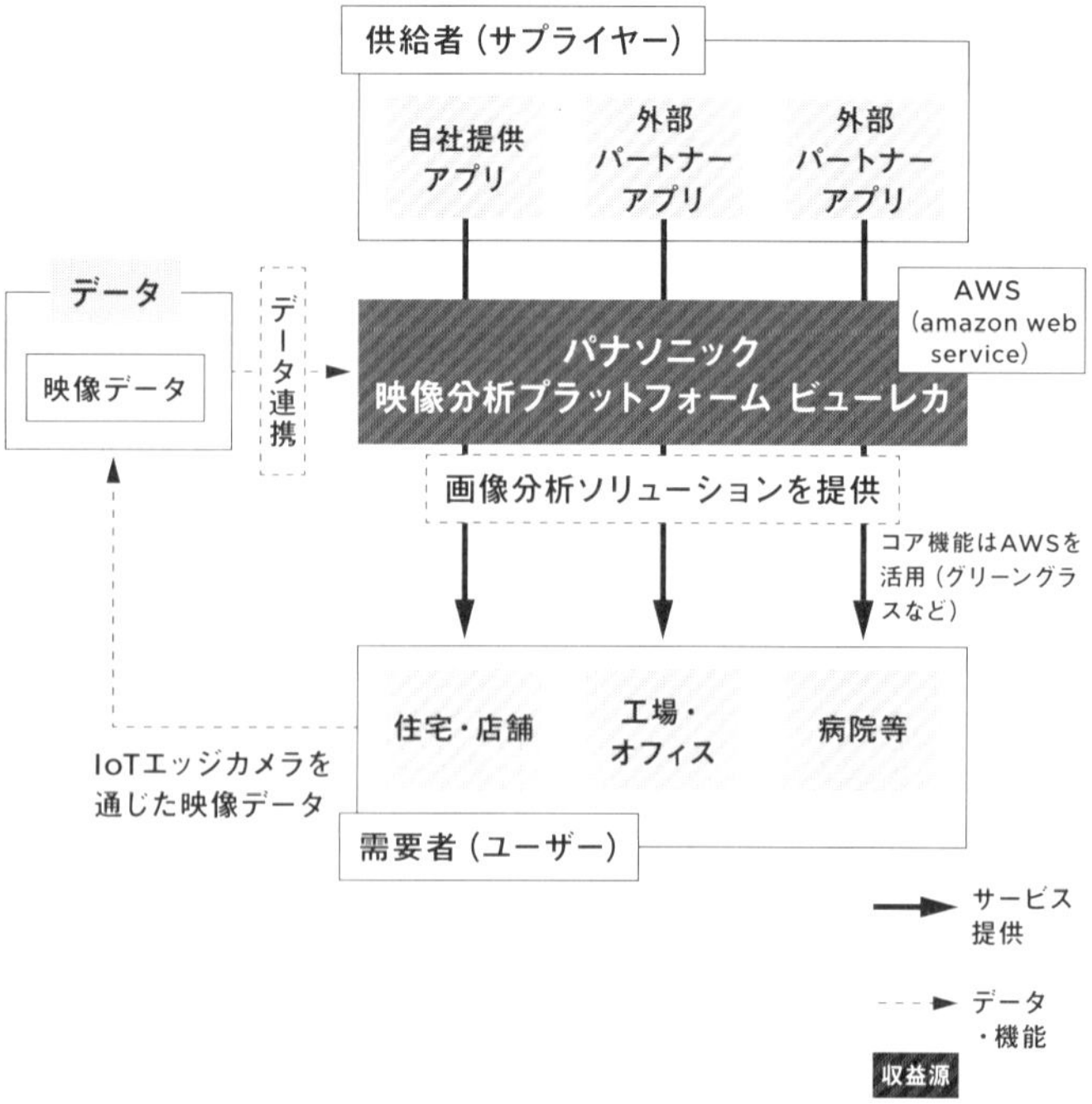

出所　https://tech.panasonic.com/jp/bi/vieureka/technology.html

る。たとえば先述のオプティムは、自社で農業やヘルスケア領域でのプラットフォームビジネスを展開しつつ、他社プラットフォーマーに対する基盤も提供している。彼らは、「プラットフォームになるための基盤」を標榜しており、マーケットプレイスや課金・決済機能、時系列データ可視化ツールなどの幅広い機能に対応している。

本書で紹介するセグメンテッド・プラットフォームの多くが、自社のコアとなる強みではない領域は、他社機能を効率的に活用している。ここでは先進事例として、クックパッドマートと、ドローンサービスプラットフォームのテラドローンを挙げる。

事例⑦　クックパッドマート

クックパッドマートは、クックパッドが自社の既存レシピ投稿プラットフォームの強みを横展開させた生鮮食品ECプラットフォームである。収益源はECにおける生鮮食品の販売手数料収入である。

共働き世帯の増加に伴い、買物の利便性向上や効率化が求められているが、店舗側には場所／営業時間／品揃えの制約や、受取場所の不足などの課題が浮かび上がっている。クックパッドマートは日々の生鮮食品の買い物にフォーカスし、地域の精肉店・鮮魚店や生産者、受取場所・物流会社、生活者をつないでいる。消費者が当日8時までに生鮮品注文を行うと、食材が当日中に設定したドラッグストア・リカーショップなどに設置された受取場所に届く仕組みだ。

クックパッドマートの特徴は、既存技術を徹底的に活用していることだ。たとえば受け取り場所の冷蔵庫（マートステーション）のスマートロックシステムは、IoT企業のソラコムの機能を活用している。クックパッドマートのアプリから操作をすることにより、注文者のみがマートステーションを開けることができる仕組みだ。その他、配達・注文情報を記載し食材に貼付するラベルプリンターの遠隔モニタリング、温度トラッキング、輸送監視などのIoT機能にも同社を活用している。

店舗・生産者と受取場所をつなぐルート最適化は外部AI機能を、決済サービスはストライプを活用している。

クックパッドとしては、すべて内製すると遅くなってしまうので、活用できる既存技術を使って、スピードを担保している。ビジネスモデルのコアとなる生産者／店舗／受取場所網の拡大に集中しているのである。

これに加えて、迅速にリリースを行うことで、想定していない事態や隠れたニーズ、

図表38　クックパッドマートの仕組み

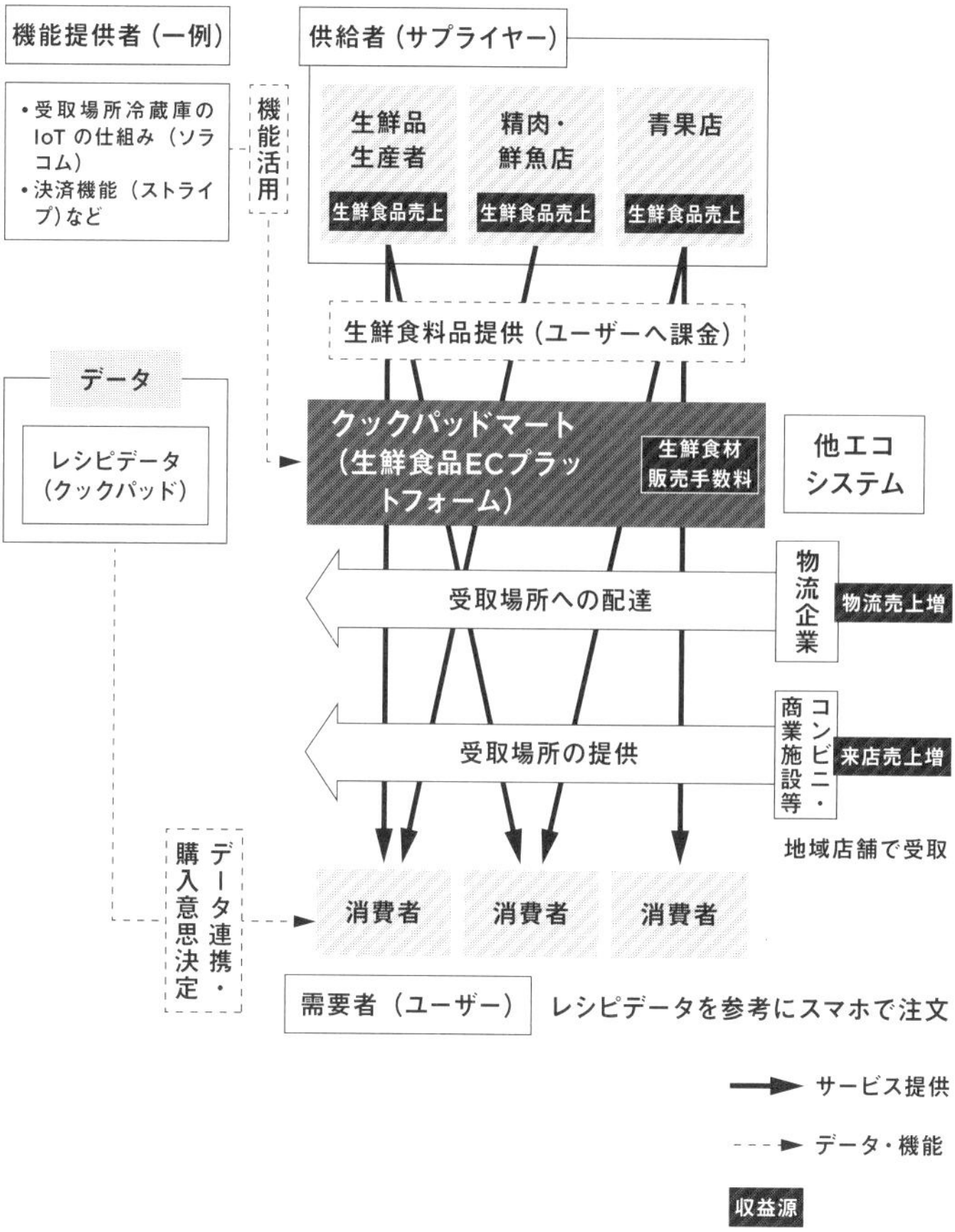

「本当の要件」をあぶり出すことも外部活用を行う大きな目的である。それにより必要に応じて自社開発の意思決定も可能になる。今後は東京圏においてェコシステム・サービスの型づくりを行ったうえで、首都圏を中心に、数年以内に日本国内のあらゆる都市でサービス提供をしていく方針だ。

事例⑧ テラドローン

テラドローンは2016年設立のドローン開発企業である。空撮、測量、点検、データ分析、運行管理などの産業向けドローンサービスを世界25カ国（2019年8月時点）でグローバル展開している。新興国をはじめとするドローンの規制の緩いエリアから迅速に展開／用途開発し、そのソリューションを先進国に横展開する逆タイムマシン型経営で一気にグローバルでの拡大を行っている。

ドローンサービスは各国において規制の強弱が異なり、かつ産業特性・ニーズが異なる。規制が緩くドローンサービスの用途開発が進んでいる新興国を中心に展開国を見定め、そこで得た実績・ノウハウを先進国などへ展開しているのだ。

また、現地企業への出資や買収を行っており、2019年2月時点で22カ国23社に出資している。世界第2位のドローンソリューションプロバイダーとして顧客接点を有していることや、幅広いサービス用途に対応していることから、各国同業側から提携・出資受入の打診が来るポジションになってきている。このことが、さらなる規模拡大へとつながっている。

同社はドローンサービスによる収入とともに、今後は無人運行管理システム（UTM）におけるプラットフォーム収入を拡大させる計画である。

同社は、プラットフォーム展開においてコア技術となる運行管理システムを出資によって獲得している。UTMは個別ドローン機の飛行ルート・高度の管理や、データ管理・解析、飛行許可、リアルタイムモニタリング等を担うシステムだ。2016年にUTMの世界的大手ユニフライ（ベルギー）に出資して筆頭株主となり、同社の技術を活用したプラットフォーム展開・共同開発を行っている。

2018年には日立製作所とユニフライ、テラドローン間でUTMの共同開発を発表。テラドローンのグローバルでのオペレーションデータ、ユニフライのUTM技術を梃子にプラットフォーム化を加速していく計画である。

CEOの徳重氏は常に自社の成長に必要な提携先／買収先がないかをグローバルで探し

図表39　テラドローンのイメージ

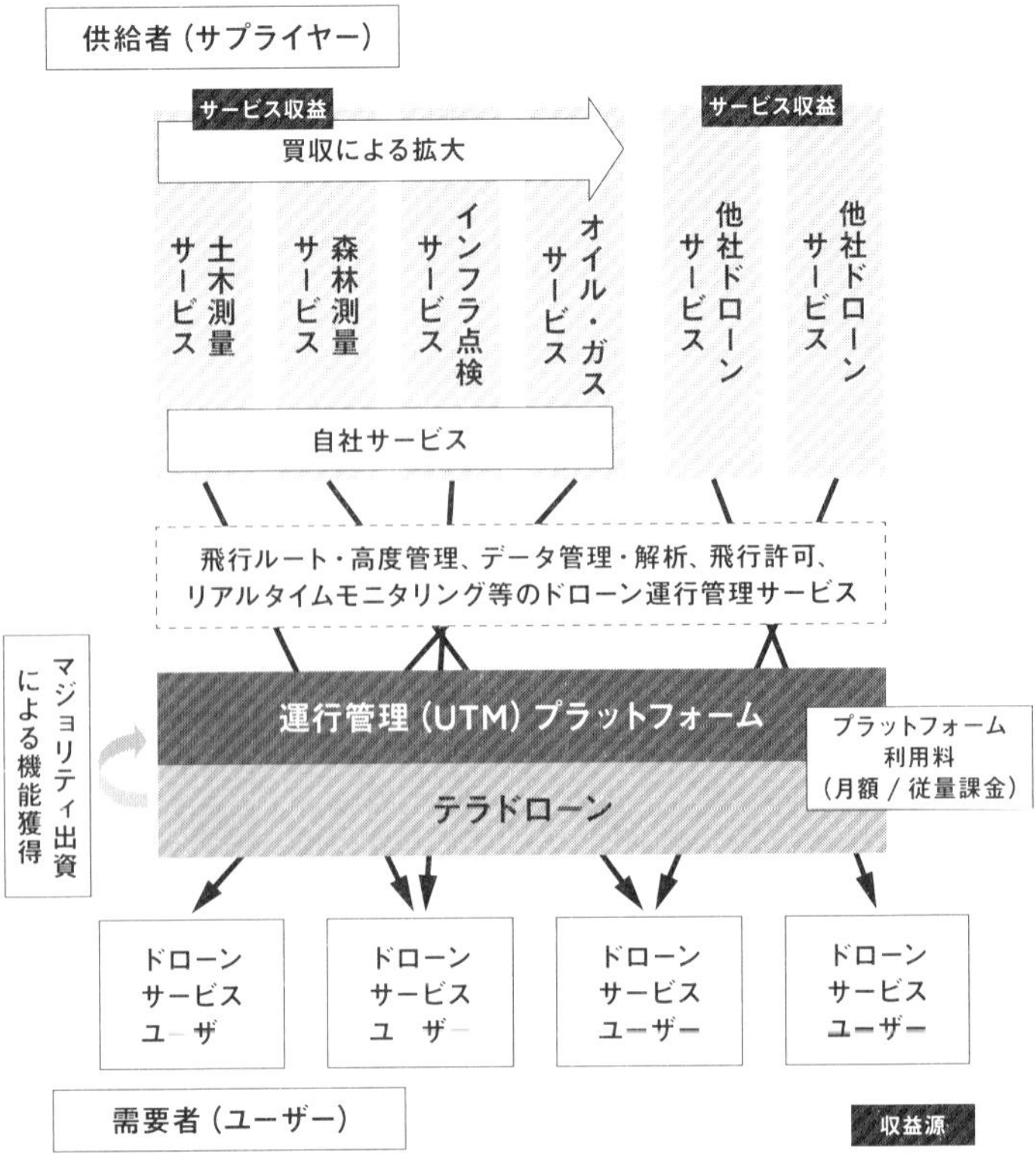

求め、候補企業すべてに実際に会い、現場の一次情報を自ら得ることで迅速な出資意思決定を行っている。自前展開・自社開発にこだわり時間をかけている間に市場が取られてしまうことや、技術が陳腐化してしまうケースは日本企業に多い。国内外のパートナーへの出資を通じて迅速に顧客接点・プラットフォーム技術を獲得し、グローバル展開を実現しているテラドローンから得られる示唆は大きい。

ポイント⑤　ビジネスの「標準型」を作り横展開せよ

プラットフォームビジネスを軌道に乗せるためには、最初のステップとしてコア・エコシステム・プレイヤーにおける関係性／ビジネスの基本となる「標準型」を作り出すことが重要となる。そこで生まれた「標準型」をもとに、別領域に展開・拡大させ、エコシステム・パートナーが自律的にプラットフォームを介したビジネスを生み出す循環を創出することが重要である。

たとえば独シーメンスのマインドスフィアは、自社のバードノイシュタット工場やアンベルク工場によるＰｏＣ（実証実験）や、コア顧客への試験的な導入支援を通じて実績を積み上げるとともに、ユーザーのフィードバックに対応し、サービスを洗練させ、標準化している。結果、そのサービスモデルをパートナーとともにグローバル展開させているのである。

顧客のニーズに合わせてカスタマイズすることは、日本企業の強みではあるが、その共通項を見つけて標準的なソリューションに仕立てることを苦手とする企業は多い。個社に合わせたカスタマイズに力を入れすぎるあまり、コストが高くなってしまったり、複雑なオペレーションにより横展開が難しくなってしまうことがある。

プラットフォームビジネスは、幅広いステークホルダーにとって利用しやすいものである必要がある。自社事業での実証や、コア顧客での試験導入を通じたサービス洗練と、標準化を通じた効率的な横展開の両輪を回しながら展開を行っていく必要があるのである。

図表40が本書にて紹介する主なセグメンテッド・プラットフォームの標準型づくりと、横展開のサイクルの一例である。

ここでは、イノベーションマッチングプラットフォームのリンカーズと、東南アジア農業フィンテックプラットフォームのアグリバディを取り上げたい。

図表40　**標準型構築と横展開のサイクル**

プラットフォーム名	標準型構築	横展開
オプティム（農業・医療・建設プラットフォーム）	農業プラットフォームのアグリアース展開を通じて、画像診断を活用したプラットフォームの標準型を構築	農業プラットフォームから、医療画像診断支援AI統合オープンプラットフォームのAMIASや、建設プラットフォームのLANDLOGへ基本機能を横展開
アルム 医療関係者間コミュニケーションアプリ「Join」	救急時医療時における救急現場医師と、専門医コミュニケーションアプリを展開。データは医師間における一次利用	今後は製薬会社や保険会社等のデータの二次利用を通じたビジネスモデル拡大
モビリティ・Fintechプラットフォーム GMS	立ち上げ時にフィリピンで金融機関の役割を自社で担うなど24カ月をかけて土台を構築	フィリピンでビジネスモデルの「標準型」を構築した以降は、他国は2カ月での立ち上げを実現している
クックパッド	レシピ投稿プラットフォーム「クックパッド」を展開	クックパッドに蓄積されているレシピデータを軸に、「スマートキッチン・プラットフォームOiCy」、「生鮮食品ECプラットフォームクックパッドマート」を横展開
イノベーションマッチングプラットフォーム リンカーズ	技術探索企業と、技術を有する企業のマッチングプラットフォームを展開	マッチングノウハウを活かして、銀行向けのマッチング支援プラットフォームシステムを外販
東南アジア農業フィンテックプラットフォーム アグリバディ	農村を束ねるBuddyを介して農民との強固な顧客基盤を形成し、ローン提供や農業資材販売を実施	農民との強固な顧客ネットワークを活用して、今後は農業資材から、日用品・ヘルスケア・医療品等へ横展開予定

事例⑨　リンカーズ

２０１２年設立のリンカーズは、技術を探索している企業と、技術を保有している企業のマッチングを行うプラットフォームである。技術を探している企業がニーズを登録すると、リンカーズの探索システムと、技術保有企業とのネットワークを持つ産業コーディネーターのネットワークを活用して、マッチングが図られる仕組みである。

リンカーズにおける最大の特徴は、技術保有企業とのネットワークのある、各業界・地域の産業コーディネーターがエコシステムとして連携していることだ。現在、１０００名を超えるコーディネーターが登録しており、ニーズに合わせて、コーディネーターとつながりのある技術保有企業の紹介が行われる。

東北地方に広いネットワークを持つ東北経済連合会と連携し、紹介企業のカバー範囲を担保できたことが、同社の立ち上げ段階の成長を支えている。収益源としてはプラットフォームにおけるマッチング手数料とともに、後述の銀行向けマッチングプラットフォームシステムの利用料である。

リンカーズはさらにマッチングプラットフォームで培ったノウハウを銀行向けにリンカ

図表41　リンカーズのプラットフォーム構造

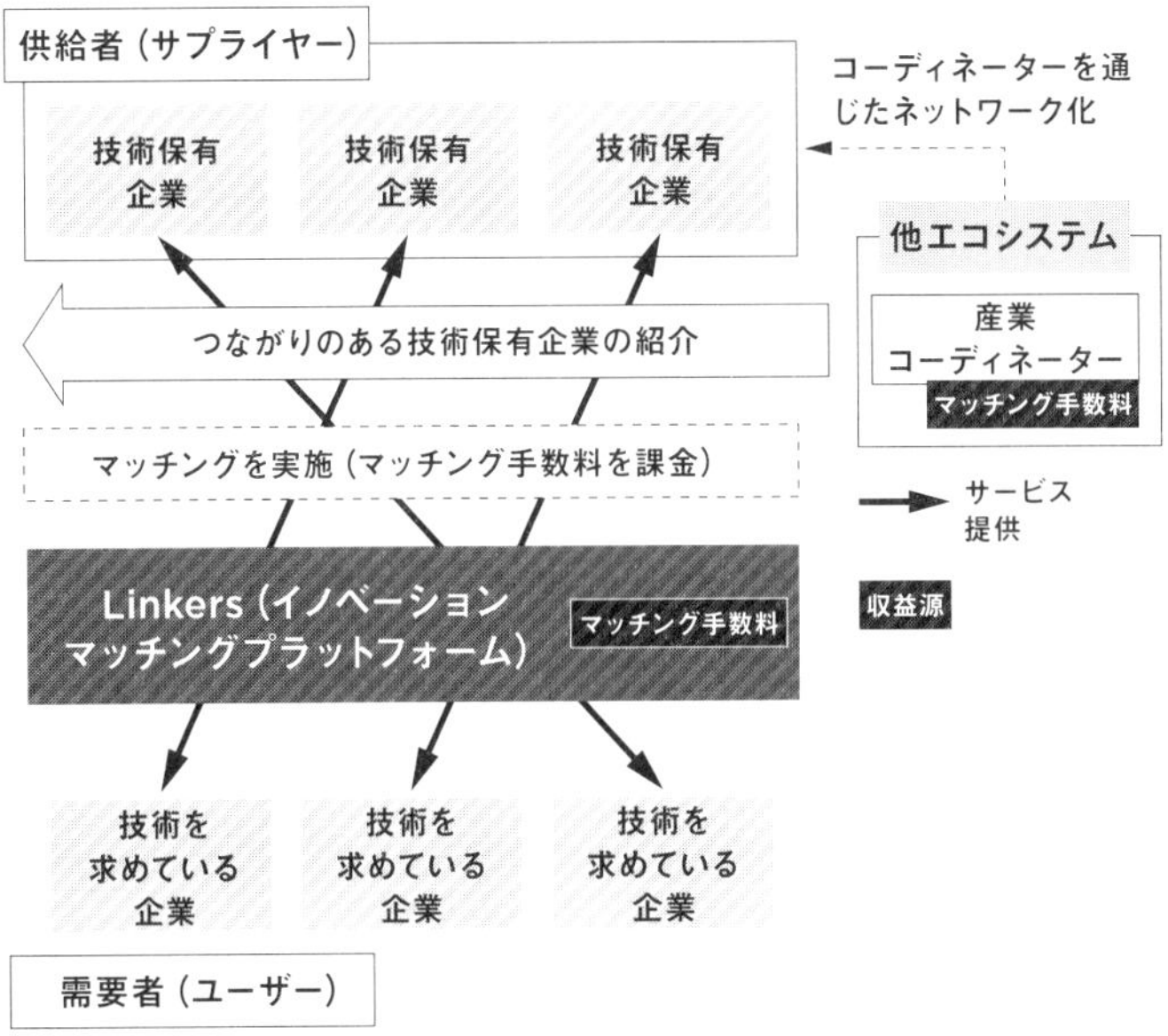

ーズ・フォー・バンクとして横展開している。従来、地方銀行の行員が取引先企業と行っているマッチングサービスを支援するプラットフォームシステムを提供しているのだ。

2016年8月に北陸銀行との業務提携を行い、リンカーズのマッチングノウハウを活かした銀行向けマッチング支援システムを共同開発してきた。最初の顧客としての、ある地方銀行を通じたサービスの標準化である。

コア顧客としての北陸銀行のニーズや、活用したうえでの課題を解決するため、800カ所もの改修を早期に徹底的に行うことでソリューションの標準化を行い、10行以上への横展開を実現した。自社の既存プラットフォームが持つノウハウを、収益源拡大のためにシステムとして横展開するとともに、コア顧客との徹底的なサービスの標準化を通じたさらなる横展開を実施しているのである。

事例⑩　アグリバディ

アグリバディは、日本人CEOの北浦健伍氏が2015年に創設した、途上国農業IoT／フィンテック企業。農家、金融機関、農業資材企業をつなぐセグメンテッド・プラットフォームである。与信データなどがなく、融資を受けられない農家の生産性データを、与信情報として金融機関に提供し、融資（アグリバディ上で利用できるクレジット）を受けられるようにするとともに、そのクレジットをもとにした適切な肥料・農機などの資材が購入できる仕組みを提供している。現在はカンボジア／インド／タイ／バングラデシュに拡大しており2万5000の農家が登録している。

アグリバディの強みは、与信を得られない、または生産性の高い農業の方法がわからない農民と、貸付をしたいがデータがないので農民に融資ができない金融機関、農機・農業資材を売りたいが農家のアクセスがないメーカーをつなげていることにある。それらをつなぐためには非常に手間がかかり、丁寧なフォローが必要となる領域である。そのため、メガプレイヤーとの差別化要因となっている。結果として強固なネットワークができているため、農業資材に限らず、日用品やヘルスケアなど、他産業の商品を農家に提供するといった、新規のビジネスモデル検討を行えるポジショニングを構築している。

そのなかで、アグリバディの競争力を支えているのが、各農村の農家を束ねる農家アントレプレナーのバディである。農村の農家は人数こそ多いものの、一人当たりの購買力は低く、かつECなどへのアクセスも限定的であるため、農民一人ひとりへのアプローチには限界がある状況であった。

図表42　アグリバディにおける展開

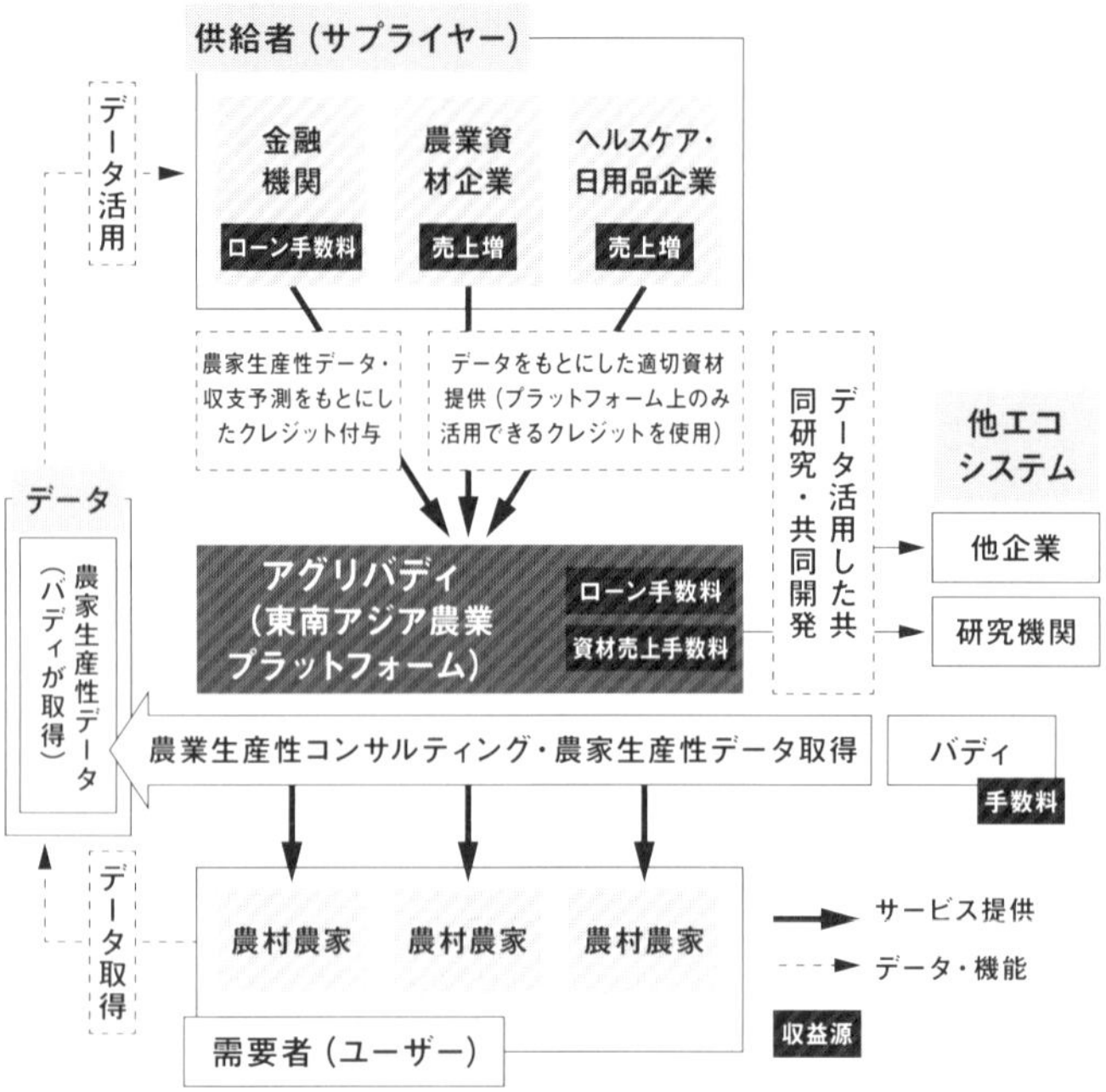

その状態を、バディを組織化することで解消し、各農村農家へのアプローチを可能にしたのである。既存のプラットフォーマーにとっては、ＩＴを活用した効率的な展開ができないため、優先順位が下がる領域である。その領域で丁寧なネットワーク形成を行い、プラットフォーム化を図ったのがアグリバディである。

必ずしも金銭だけではなく、村を良くしていきたいというモチベーションで動いてくれる、熱意のある数人のバディと連携できたことが、その後の拡大につながっている。まず立ち上げ時期にはアグリバディが資金を投入して貸出を行い、このモデルの実証を行うことで実績を作る。そして、その実績をもとに金融機関の連携先を増やし、現在のエコシステムを作り上げているのである。

さらにアグリバディは構築した農家ネットワーク、データを活かして他事業者との連携を加速。研究機関との共同研究や、企業との農産品の共同開発などに取り組んでいる。

立ち上げ当時、このモデルをカンボジアで作り上げるまでに数年かかっていたが、そこでの試行錯誤でモデルの標準型を作り上げることに成功し、他国での事業展開のスピードを上げている。またカンボジアにおいては、農作物向けの損害保険など、必要となるサービスそのものがないケースが多く、そうした機能を作っていく必要があった。他国に展開するにあたっては、カンボジアで一から作り上げた経験が活き、迅速な展開が可能となっている。

今後は、この強固なネットワークを活かし、農家に提供するサービスの拡大を図っていく。日用品のカタログ販売や、病院での医療を受ける機会に制限がある新興国農家に対しては、ヘルスケアサービスの提供などを検討している。

Japanese Platform Strategy

3章

連携戦略①
――チャネル活用

図表43　プラットフォーム連携戦略

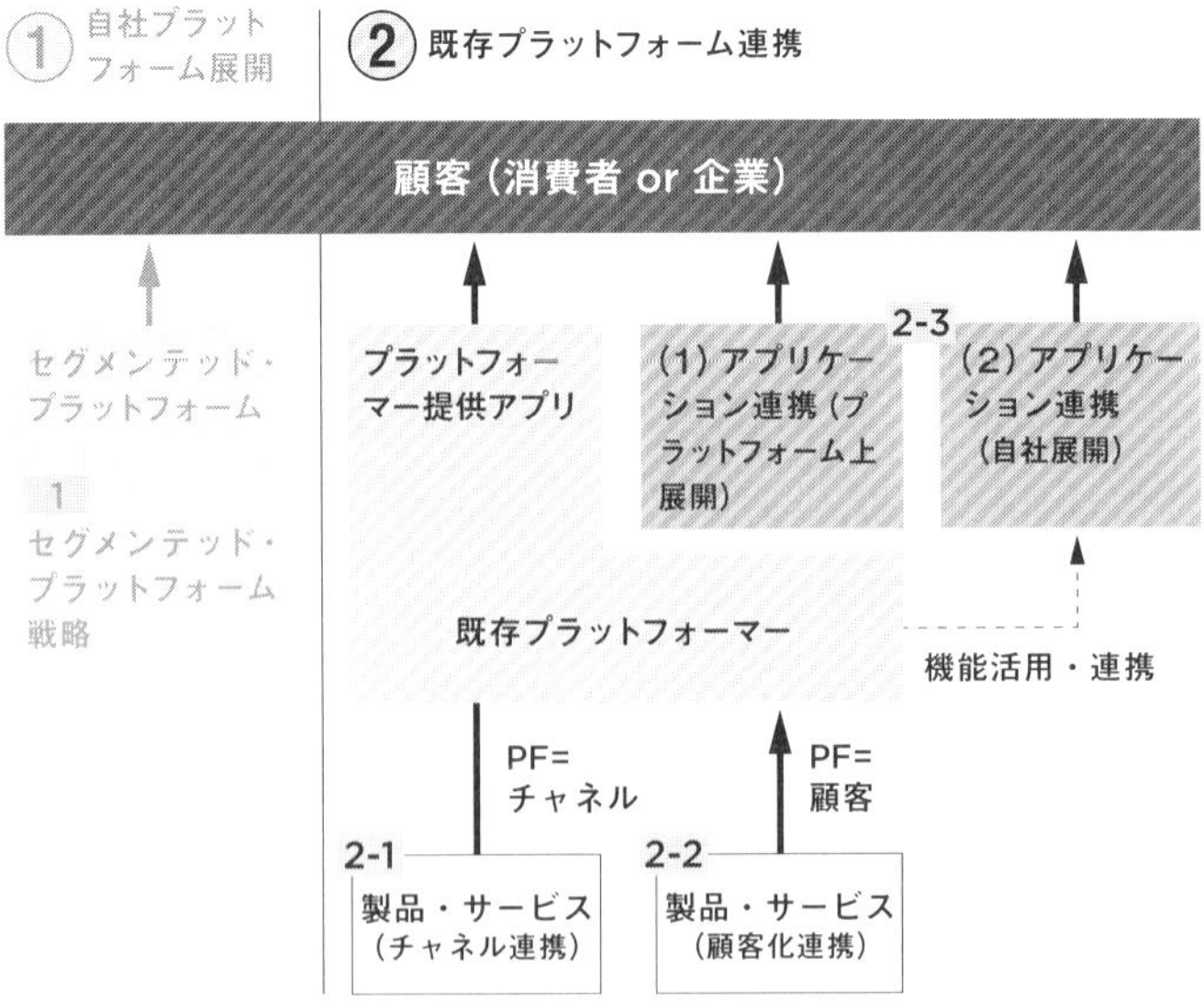

3つの連携戦略

3章〜5章では、プラットフォーム連携戦略について触れる。先述のとおり、メガプラットフォーマーとの連携は今後のビジネスにおいて避けて通れない論点である。どの領域で連携するのかを明確化し、施策を講じていかねばならない。

前章のセグメンテッド・プラットフォーム展開でも触れたとおり、自社プラットフォーム展開においては、エコシステム形成が欠かせない。裏を返すと、他社プラットフォーマーもエコシステムに参加してくれる連携先企業を強く求めており、お互いのウィンーウィンが設計できるのであれば、共同でビジネスを展開する余地は存在する。自社がイニシアチブを取ってプラットフォーム側への提案を行うことも可能である。

プラットフォーム連携戦略としては、3章ではプラットフォーマーをチャネルとして捉え、プラットフォーマーを介した製品・サービス提供を実施する「製品・サービス連携（チャネル活用）」を、4章でプラットフォーマーを顧客として捉え、ビジネス展開に必要な機能補完のための製品・サービスを提供する「製品・サービス連携（顧客化）」、5章では自社ノウハウを活かし実装したソフトウェアを他社プラットフォーム上で提供する、または、自社提供アプリケーションをプラットフォームと接続・連携することで価値を高める「アプリケーション連携」を取り上げる。

プラットフォーマーをチャネルとして捉える

本章でご紹介するのが、プラットフォーマーを顧客・チャネルとして捉え、自社製品・サービスを供給するアプローチである。たとえばＥＣを通じて商品を展開するケースがこれにあたり、日本では楽天市場が代表例であろう。店舗周辺の顧客にしかアプローチできていなかった地域の小規模小売業者が楽天市場に出店することにより、日本全国に販路を拡大することができる。これらのチャネルとしてのプラットフォーマーの規模や戦略性は、現在ますます高度になってきている。

世界的な販売チャネルを持たない中小企業であっても、プラットフォーマーのチャネルを活用することで、一気に世界展開を行うことも可能となる。プラットフォーマー側も、いかに独自ノウハウを持つ企業とオープンイノベーションを行い、サービスを作っていけるかがカギとなってきているのである。

プラットフォームが顧客の意思決定ツールとして影響力が大きくなっているなかで、プラットフォーマーをチャネルとして押さえ、顧客の選択肢に入ることは、すべての企業の戦略のベースラインとして実施する必要がある。以下にチャネル活用の連携戦略のポイントを述べていきたい。

ポイント①　チャネルを活用し、自社のカバレッジを最大化せよ

広がるECプラットフォーム

先述のとおりプラットフォーマーはグローバルで拡大してきており、多くの顧客チャネルを持っている。たとえばEC企業においては、アマゾンなどのグローバル企業の大規模展開が進むとともに、地域ごとに強固な顧客基盤を持つプレイヤーが生まれてきている。

米国／アジア／欧州を中心に展開するアマゾン、買収した東南アジアに展開するラザダ（Lazada）をはじめ、中国を中心にアジア全域での拡大を図るアリババグループ、アフリ

カで12カ国展開を行うジュミア、中南米ではメルカード・リブレなどの新興国地域特化プレイヤーも生まれてきている。これらの企業の他にも、ウォルマート傘下のインドのフリップカート、インドネシアのトコペディアなど、新興国において強固な顧客基盤を持つ企業が多数存在する。

こうしたプラットフォーマーを活用することで、自社では展開しきれなかった地域や、開拓しきれなかった顧客網を利用することができる。自社単独で大規模な海外展開が難しい中小企業はもちろんのこと、大企業においてもこれまで緊密な顧客接点の構築が難しかった地域において展開を行うことができ、顧客カバレッジを拡大することができる。

これらの製品・サービス拡販の取り組みがより加速しており、①ECプラットフォーマーのみならずライドシェアなどチャネルになるカテゴリー・機会が拡大してきていること、②グローバルでの連携が加速してきていること――が現在のトレンドとして挙げられる。

特に他国展開においては、顧客接点を持つ現地プラットフォーマーとの連携が重要となる。アリババグループは、BtoC向けECプラットフォームである天猫（Tmall、図表44①）と、BtoB向けマーケットプレイスであるAlibaba.com（同図②）に加えて、近年では、ローカル都市展開に向けた日用消費財企業と中国の小規模小売店をつなぐBtoB流通プラットフォームのLST（同図③）や、インドネシア、マレーシア、フィリピン、シ

図表44　アリババグループの連携ポテンシャル

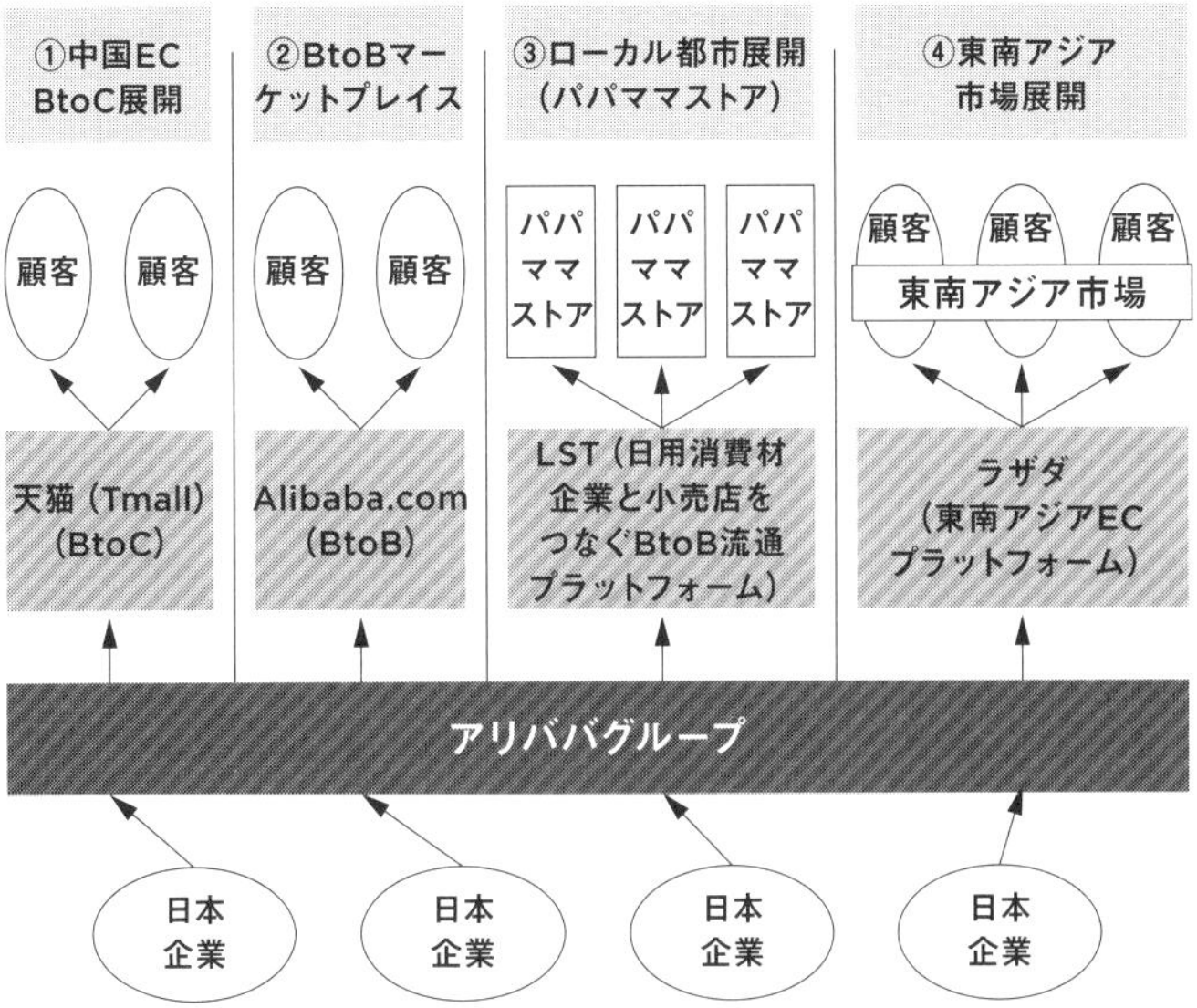

ンガポール、タイ、ベトナムの6カ国で事業展開しているラザダを通じた東南アジア市場展開支援（同図④）を行っている。

新興国における展開においては、流通チャネルとして都市部の大規模スーパーやEC企業のみならず、ローカル地域に無数に存在する小規模小売店のパパママストアが重要な位置を占めている。都市部大規模スーパーやEC企業だけをターゲットにしても、中国の人口における15％にしかアプローチはできず、残りのローカルエリアにおける85％を取り込むことは困難であった。アリババのデジタルエコシステムを通じてこれまでアプローチできていなかったローカル都市の幅広い層にリーチできるようになっている。

たとえば製菓企業のUHA味覚糖は2019年期初に、アリババのLSTを採用してローカル地域の小売店にまで配荷店舗を拡大、2019年6月には前年比で5倍以上の売上を実現している。LST活用前の配荷店舗1000店舗に対して、2019年7月時点で約4000店舗と4倍に増加しており、今後1万3000店舗まで拡大する見込みである。

戦略のベースラインに

これらプラットフォーマーを活用した製品展開は、戦略のベースラインとして実施していくことが必要となってくる。従来であれば、サプライチェーンを構築し、顧客網を構築するために多くの投資と、リソースが必要であった。しかし既存のプラットフォームをそのまま活用すれば、効率的に当該地域での顧客網獲得や、製品展開を行うことができる。

現在、日本企業もアリババを通じた中国市場への進出を行っているが、その他の国における事例はまだまだ少ない。新興国においては、プラットフォームを通じた購買行動が先進国よりも早く浸透しており、そうしたプラットフォームを介したビジネスの整備が進んでいないと、大きな機会損失につながりかねない。各国における主要ECプレイヤーをチャネルとして押さえることは、今後の展開において重要なアクションとなる。

以下、EC以外のカテゴリーとの連携事例として、インドネシアにおけるイオンモールとゴジェックをご紹介しよう。

事例⑪　イオンモール

イオンモールは、日本国内／中国／ASEANで約200のショッピングモールを展開している。インドネシア国内において、同国大手ライドシェア企業のゴジェックと連携し、

２０１８年12月より共同でプロモーション／マーケティングを実施している。

ゴジェックは配車サービスのライドシェアだけではなく、モバイル決済サービスのゴ・ペイやフードデリバリーサービスなどの事業を展開している。１４４都市１００万人のドライバーが登録し、ベトナム・シンガポールなど他国への展開も行っている。

イオンモールとしては、生活者のさまざまな活動がプラットフォームを介して行われるようになってきているなかで、相互補完を行うパートナーとして連携し、顧客利便性の向上を目指している。今回のゴジェックとイオンモールの提携は、以下のようなものである。

①ゴ・ペイ　プロモーション展開……ゴジェックの決済サービスのゴ・ペイをイオンモール内店舗で利用した際にキャッシュバックを実施
②ゴ・フードフェスティバル開催……ゴ・ペイを活用したインドネシアフードイベントの開催
③ゴジェック・シェルターの設置……ゴジェックのドライバーが待機できるエリアをモール内に設置

今回の提携はイオンモール側から持ちかけており、ゴジェック側も大手小売企業との連携を模索していたことから、スムーズに交渉が進んだという。ゴジェック側からは、当初イオンモールが想定していた内容よりも広いスコープでの積極的な提案があった。今後もイオンモールを通じたゴジェック新規契約窓口の開設や、ゴジェックアプリの広告にイオンモールテナントを掲載するといったモデルを通じて、連携を深化していくことを検討している。

ゴジェックと他社小売業との連携が進んだ状態では、イオンモールが深い関係性を構築することは難しかったはずだ。このように、プラットフォームとの連携においても、競合が動く前に仕掛けるといったスピードが求められる。すべてを固めてから提案や打診を行うのではなく、ウィン－ウィンとなるモデルが描けるポイントが1つでもあるのならば、思い切って動いてみることが重要である。

図表45 イオンモールとゴジェックとの連携

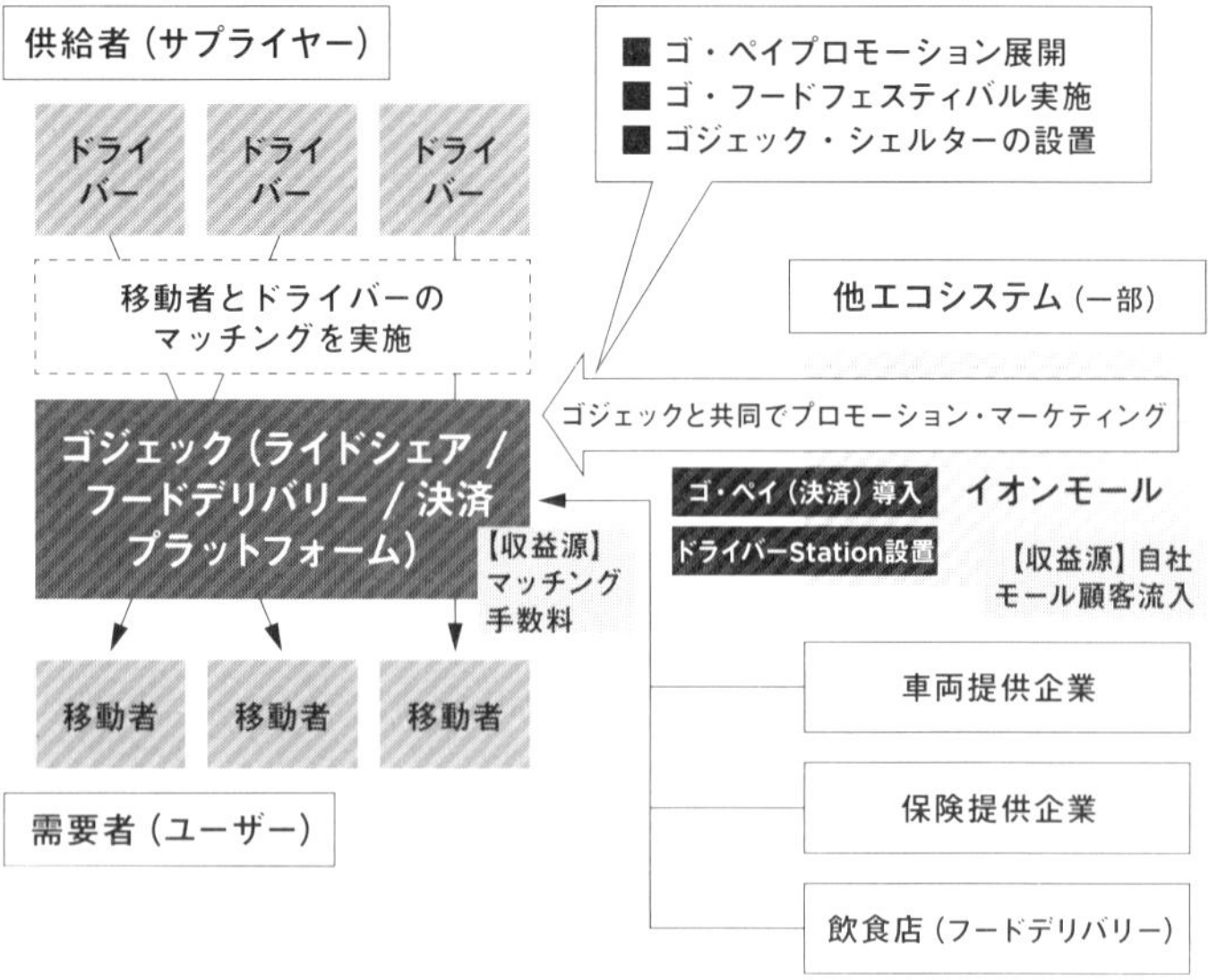

ポイント②　顧客の多面的なデータを活用せよ

配車サービスから範囲を広げる

プラットフォーマーは幅広い顧客チャネルだけではなく、複数サービスから生活者が「いつ、どこで、どのような行動を行ったのか」といった多面的なデータを保有している。そのデータを活用したマーケティングや、新製品共同開発は有効な連携アプローチの一つになっている。特に海外展開時における当該地域の消費者ニーズ・データの活用や、業界特化プラットフォームの知見・ノウハウを活かしたマーケティング／新製品開発は、自社のみでは得られない示唆を得られる可能性が高い。

一例として、東南アジア配車サービス最大手のグラブを挙げる。同社はマレーシアで2012年に創業（現在の本社はシンガポール）。ASEAN8カ国217都市でサービスを展開し、240万人のドライバーネットワークを持っている。グラブは、ライドシェアのみならず生活者のあらゆる行動をサポートする「エブリデイスーパーアプリ戦略」を掲げ、サービス提供範囲を拡大している。

図表46　グラブのエブリデイスーパーアプリ戦略

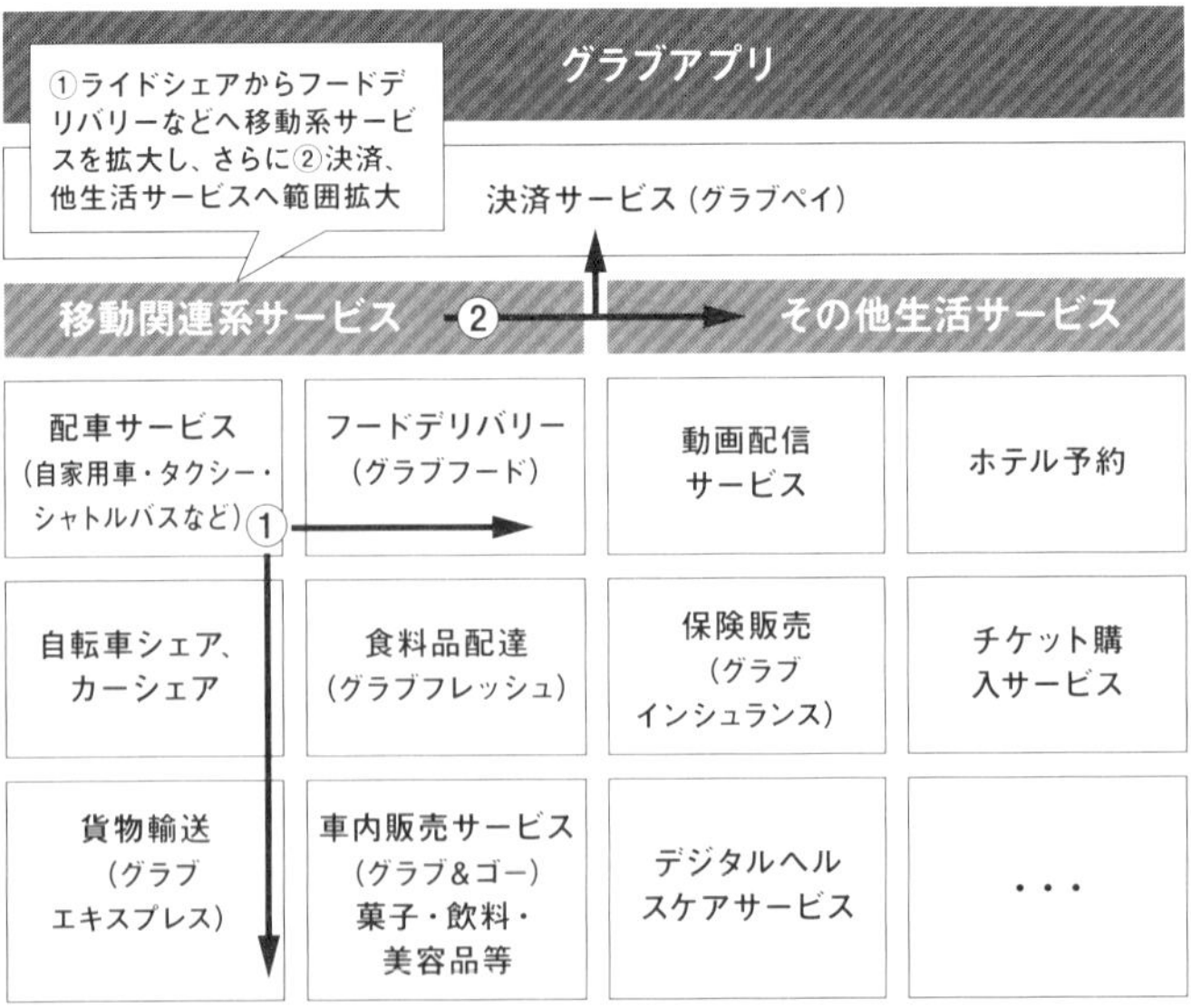

これは、軸となるライドシェア事業をベースに、フードデリバリーや生鮮食料品配達、保険、決済、チケット購入などに拡大し、さらに自社アプリでの他社サービスを活用できることを目指している。グラブの機能・データのAPIを公開し、他社サービスと連携することで、アプリユーザーが活用できる範囲を広げている。さらに楽天やメルカリ同様に、グラブポイント制度を導入し、グラブ経済圏内に生活者を囲い込むことをねらっている。

図表46がグラブのアプリ内提供サービスの一例だ。配車をはじめとした移動サービス・決済・フードデリバリーを軸に、その他の生活サービスへと提供範囲を拡大していることがわかる。2019年8月時点で、総取引のうちフードデリバリーなどの配車外のサービスがすでに4分の3を占めており、配車をフックに多面的に儲けるビジネスモデル化が進んでいる。

プラットフォームの既存知見を活用

プラットフォーム企業の展開領域が大きく拡大しているなかで、「ライドシェアを単なる移動サービス企業として」あるいは「EC企業を単なる電子商取引企業として」、狭義の企業体として捉えてしまうと、彼らとの連携のポテンシャルを見誤る。移動サービスや、電子商取引などを軸に、「生活者のあらゆる行動を支援している企業」と捉えていく必要がある。こうした企業は誰が、いつ、何を、どこで購入し、どのような行動を行ったのかのデータを保有しており、これらの企業と連携を行うことで、自社の有しているデータでは分析しきれなかった示唆を得ることができる。

加えて、ある特定の領域でブランドを確立しているセグメンテッド・プラットフォームとの連携を通じたマーケティング／共同開発も有効な手段となる。自社で当該領域の知見やデータを得ていくとなると相当な時間とコストがかかる。新規で開発する製品が軌道にのるか不透明な場合に、プラットフォームの既存知見を活用し、まず試すことができることは、変化の激しい環境下においては特に有効となる。

たとえば、帝人フロンティアは、健康・ウェルネス特化プラットフォームのFiNC（日本）と連携し、睡眠に関するサービスの共同開発を行っている。帝人フロンティアのウェアラブルデバイスから得られる睡眠情報を蓄積し、その情報をFiNCが保有するAIチャットボットで処理。スマートフォンアプリを通じて、AIや専門家からの指導を受けられるパーソナライズサービスの開発を目指している。

生活者と幅広い接点を持つ企業に加えて、専門的な領域で生活者と深い関係性を築いている企業との連携を、目的に沿って使い分けていくことが重要である。

事例⑫　資生堂

資生堂は2019年3月にアリババグループとの戦略提携を発表し、連携のためのオフィス設立と、新製品の共同開発などを行うことを発表している。提携業務に特化した「資生堂×アリババ戦略連携オフィス」を杭州市のアリババグループ本社近隣に設置し、同オフィスには資生堂の専任チームが常駐し、アリババグループと連携している。

資生堂の持つ商品開発力・製品データと、アリババグループの持つビッグデータと消費者インサイトを組み合わせることで、商品開発／ブランドマーケティング／EC／CRMなどの深化を図る計画だ。共同開発商品の第一弾として、ヘア・ボディケアブランド「アクエア（AQUAIR）」より、シャンプーとトリートメントを2019年9月からアリババグループのTmall（天猫）で発売した。同時に天猫新商品開発センター（TMIC）や、データテクノロジーを活用した商品開発を行う。

すでに述べたとおり、アリババは大規模な出資・買収を通じて、軸であるECマーケットプレイスや、決済サービスのアリペイを中心に幅広い領域へのサービス拡大を行っている。それらのデータテクノロジーを活用して、資生堂などの自社EC出店者へのマーケティング支援を行っているのだ。

特にグローバル展開においては、各国の消費者ニーズは異なっているため、多面的な分析が重要となる。プラットフォームが持つ消費者の高精度なマーケティング／購買データにもとづく施策が重要となるのである。

ポイント③　プラットフォームを活用して自社製品の価値を高めよ

日本の電機メーカーは、ウィンドウズOSが組み込まれているパソコンや、アンドロイドOSが組み込まれたスマホの生産を行ってきた。それらのプラットフォームを組み込んだ製品展開が、自動車やスマート家電ほか幅広い領域に拡大してきている。こうしたプラットフォームと製品の連携においては、以下の2段階に分かれる。

①プラットフォームサービスと自社製品の接続を担保・認証する

各プラットフォームサービスは、車両や機械などのハードウェアから得られる情報をもとにしたサービスを展開することが多い。その際に、プラットフォームサービスに接続されるハードウェアやセンサーを認証し公開をしている。

たとえばAWSは、パートナーデバイスカタログとしてカメラ、センサー、サーバー、コントローラーなどのハードウェアを認証・公開している。AWSの機能を活用したIoTなどのサービスが数多く生まれているなかで、これらパートナーデバイスの中に自社製品が入っていることは、機会獲得における第一歩となる。

同様に独シーメンスのマインドスフィアは、エコシステム・パートナーとしてマインドスフィアとの接続担保を行うマインドコネクトパートナーを募っている。今後、プラットフォームにおけるサービスを顧客が検討する際、カタログに載っていなければ、選択肢からは除外されてしまう。各種プラットフォームが展開するサービスに対する接続認証は、製品・サービスを持つ企業として、まずは欠かせないものなのである。

スマート家電・オフィス機器においても、音声プラットフォーマーが提供するサービスに連携することは、新たな機会を得ることにつながる。リコーはアレクサ・フォー・ビジネスとオフィス機器を接続させ、音声を活用した複合機の操作・制御を行うリコー・インテリジェント・ボイス・コントロールを米国で展開している。繰り返すが、プラットフォームが提供するサービスへの接続担保は、ベースラインとして確実に実施することが求められる。

②プラットフォームサービスを組み込んだ製品開発を行う

単に接続担保を行うだけではなく、プラットフォームサービスを当初から組み込んだ製品開発も進んできている。コネクテッドカーは、その代表例であろう。

今後ハードウェア企業にとって、プラットフォームサービスとの連携による事業拡大は有効な選択肢となり得る。ここでは先進事例として、コニカミノルタを取り上げる。コニカミノルタは自社複合機をインターフェースとしてプラットフォームサービスを連携させるとともに、自社セグメンテッド・プラットフォームも展開しているハイブリッド事例である。

事例⑬　コニカミノルタのワークプレイス・ハブ

コニカミノルタの展開する事業は、オフィス事業／プロフェッショナルプリント事業／

ヘルスケア事業／産業用材料・機器事業と多岐にわたる。その中でデジタルワークプレイス事業部は、顧客のデジタルトランスフォーメーションを支援することをミッションに掲げている。

顧客である中小企業への価値提供を追求する過程で生まれたのが「ワークプレイス・ハブ」だ。これは、複合機で培った顧客基盤やハードウェアを活用してプラットフォームサービスを展開しているものである。

利用できるプラットフォームサービスは、自社プラットフォームに加えて、シーメンスのマインドスフィア、独トルンプのＩｏＴプラットフォームＡＸＯＯＭなどとも接続できるアーキテクチャとなっている。ＩＴの知見・リソースがなくて困っている中小企業であっても、「IT in a Box」として同サービスを活用することで、一通りのＩＴ機能が活用できるソリューションを提供している。

ワークプレイス・ハブの最大の特徴は、上記のとおり、ハードウェアを土台として自社セグメンテッド・プラットフォーム展開と、既存プラットフォーム連携のハイブリッド展開を行っていることだ。自社・他社プラットフォームとのインターフェースとなる複合機は初期投資の必要がない月額課金ベースで展開を行い、自社プラットフォームにおいては、アプリベンダーなどとのエコシステムを形成している。

図表47　コニカミノルタ「ワークプレイス・ハブ」のプラットフォーム連携

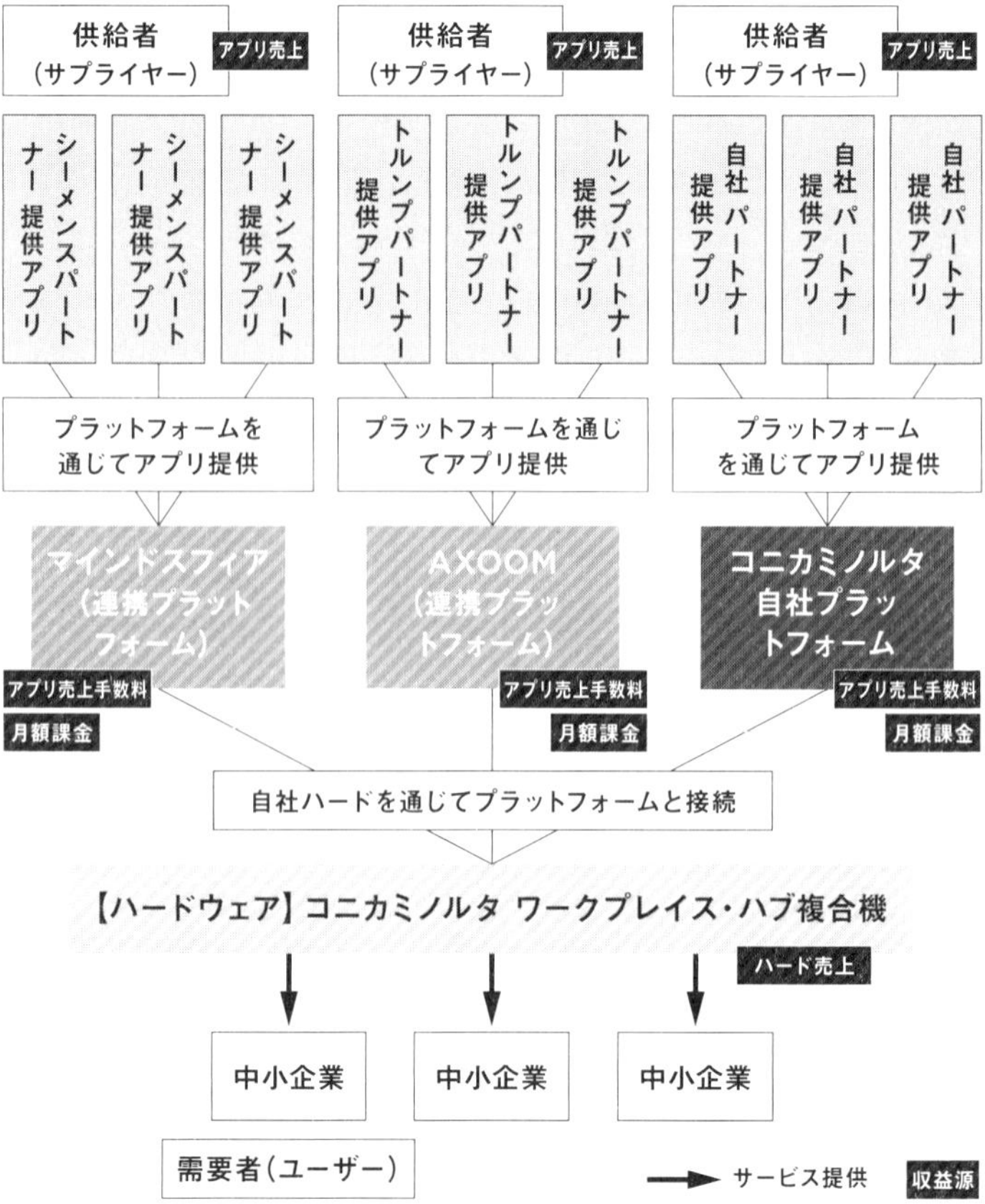

複合機の初期費用は無料とし、月額定額（サブスクリプション）で課金する仕組みはパートナーが提供する機能を活用。コニカミノルタはハードウェアからの収益獲得を主眼に据えて「顧客の課題に沿った最適なサービス提供を突き詰めた」結果として、他アプリベンダーを誘致したプラットフォーム展開を行い、さらに、他社プラットフォームも選択できるオープンな提供形態を取っているのである。

他社プラットフォームのサービスを梃子《てこ》に、自社のコア収益源であるハードウェアの価値を上げ、かつ展開・連携戦略の双方を展開しているという意味で、興味深い事例と言えるだろう。

Japanese

Platform

4章

連携戦略②
——顧客化

Strategy

図表48 顧客化連携

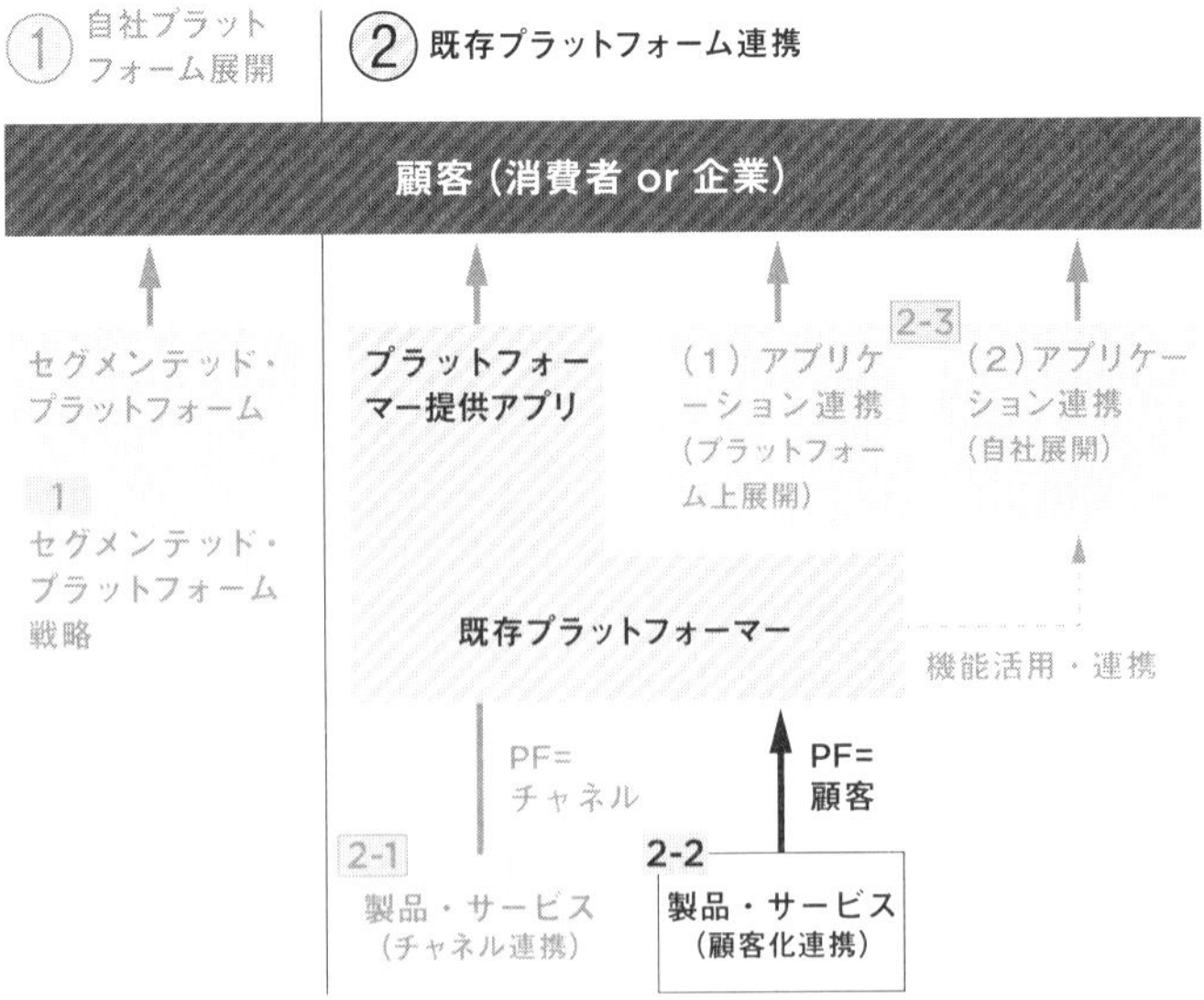
①自社プラットフォーム展開
②既存プラットフォーム連携
顧客（消費者 or 企業）
セグメンテッド・プラットフォーム
1 セグメンテッド・プラットフォーム戦略
プラットフォーマー提供アプリ
2-3
（1）アプリケーション連携（プラットフォーム上展開）
（2）アプリケーション連携（自社展開）
既存プラットフォーマー
機能活用・連携
PF=チャネル
PF=顧客
2-1
製品・サービス（チャネル連携）
2-2
製品・サービス（顧客化連携）

続いて取り上げるのが、プラットフォーマーを顧客として捉え、彼らのビジネス展開に必要なバリューチェーン・機能補完のための製品・サービス提供を行う事例である。グローバルでのスケーラビリティや、効率性を重視するプラットフォーマー側としては、特定領域での細かいオペレーションまでは手が出せない。そこに連携提案チャンスがある。

プラットフォームを顧客として捉え、製品・サービス展開を行っていくうえでのポイントとしては次の3点が存在する。

ポイント①　圧倒的な購買力を活用せよ
ポイント②　バリューチェーンの徹底分析で提案余地を見つけよ
ポイント③　コアサービスを作り込み、横展開せよ

この3点に沿って、日本企業の事例を解説していきたい。

ポイント① 圧倒的な購買力を活用せよ

「プラットフォームを顧客として捉えて製品・サービス提供する」と聞くと、自社がプラットフォーマーの「いちサプライヤー」に成り下がり、付加価値を取られてしまうのではないかと危惧する企業も多い。しかし、世界中の顧客基盤を押さえているプラットフォーマーとの連携は避けて通れない。加えて自社のビジネスの延長線上で構築できないチャネル網を持っており、これらを活用しない手はない。

商品を提供する企業とすれば、プラットフォーマーは既存のビジネスを破壊するディスラプターとして警戒しがちである。しかし、プラットフォーマーが顧客接点を持ち、顧客に関するデータやそれにもとづく洞察を抱えているという流れは、今後も加速度的に進んでいくと考えられる。

特に、インフラが整備される前にECやライドシェアが爆発的に普及した新興国においては、今後デジタル化から逆行する流れになり、リアル店舗での買い物が拡大したり、自家用車での移動が一般的になるとは考えにくい。

図表49は、主要国の携帯電話保有比率と、自動車保有比率を分析したものである。新興

図表49 主要国の自動車保有比率と、携帯電話保有比率

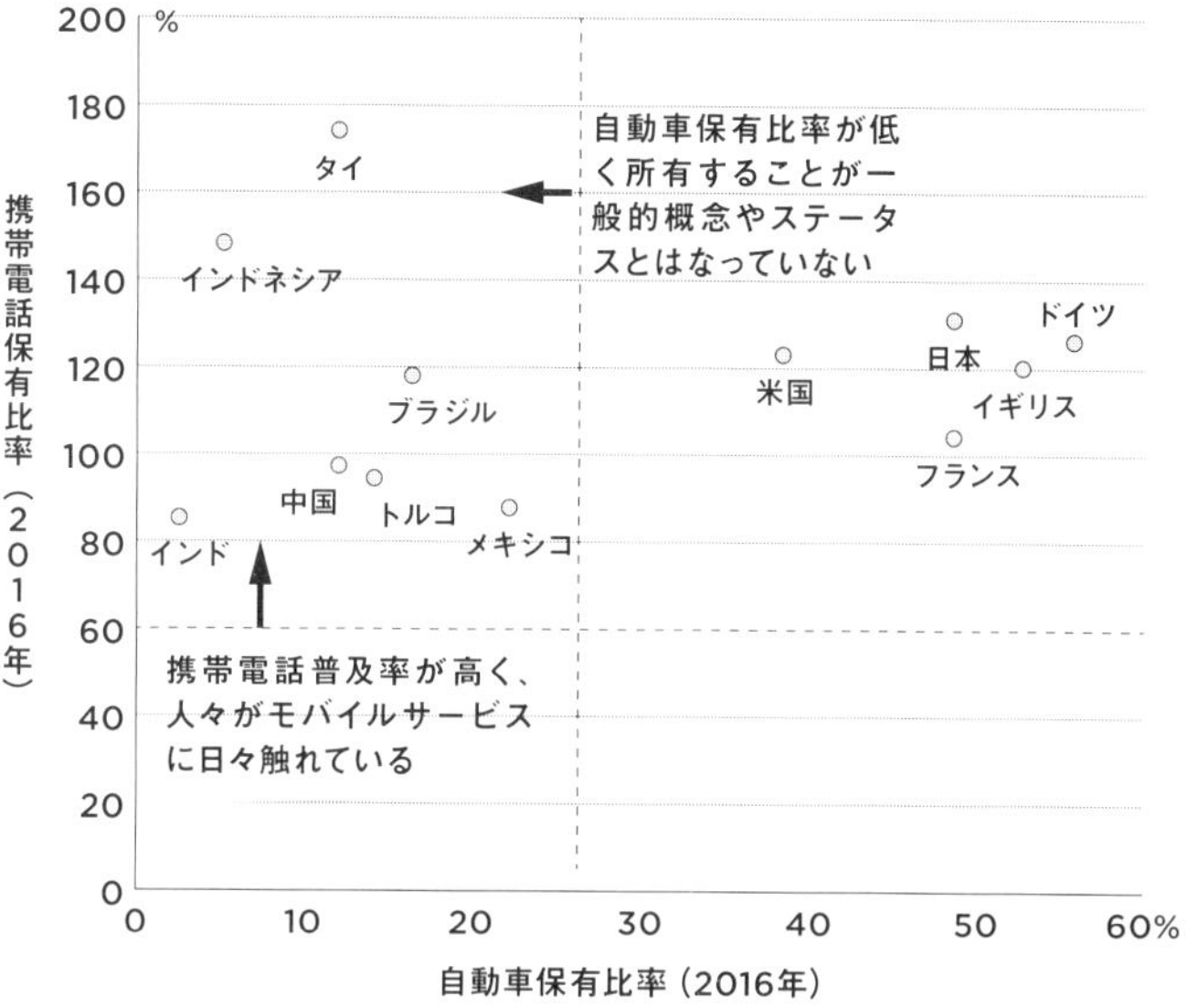

出所 国際電気通信連合(ITU)・日本自動車工業会・世界銀行よりNRI作成

国においては、携帯電話普及率が米国・ドイツ・日本などと変わらない、もしくはそれらの国よりも高くなっている。新興国では、この低い自動車保有比率の状況でシェアリングの選択肢がでていることもあり、経済成長により一人当たりGDPが上がり購買力が向上したとしても、先進国ほどの伸びは見せないことが想定される。

事例⑭　トヨタ

自動車メーカーとして、ディスラプトをしかけるライドシェア企業との提携に舵を切っているのがトヨタ自動車である。ライドシェア企業は多くの契約ドライバーを抱えており、自動車メーカーにとって大きな顧客基盤にもなる。ウーバー、グラブ、滴滴はそれぞれ数百万人がドライバー登録しており、3社合計で一千万人に迫る自動車顧客を抱えている。加えて、ライドシェアは多くの利用者が活用し、稼働率も高いため、膨大な利用・車両データが蓄積され、自動運転やモビリティサービスの開発・検討において重要な材料を得ることができる。

トヨタはウーバー／グラブ／ソフトバンクと連携し、ライドシェア企業に対する自動運転システムを提供するなど、プラットフォーマーに対する事業基盤提供を強化している。トヨタと合弁会社モネを設立したソフトバンクは、ウーバー、滴滴出行、グラブなど主要なライドシェア企業への出資を行っている。その出資企業である滴滴出行は、欧州（ボルト／エストニア）・中東（キャリーム／UAE）・南米（99／ブラジル）、インド（オラ）などの複数のライドシェア企業を買収もしくは資本提携している。つまり、ソフトバンクは出資先を通じて相当な範囲の主要ライドシェア企業への影響力を持っていることとなる。

トヨタによる自動運転システム「ガーディアン」の提供や、ライドシェア専用車両の開発は、プラットフォーマーであるライドシェア企業を顧客として捉え、PC業界におけるインテルのように基盤として活用される戦略である。その結果として、トヨタが展開する移動サービスプラットフォームであるMSPF（モビリティサービス・プラットフォーム）へのデータ蓄積・サービス開発への応用を図る戦略である。

図表50　トヨタによる自社プラットフォーム強化の構図

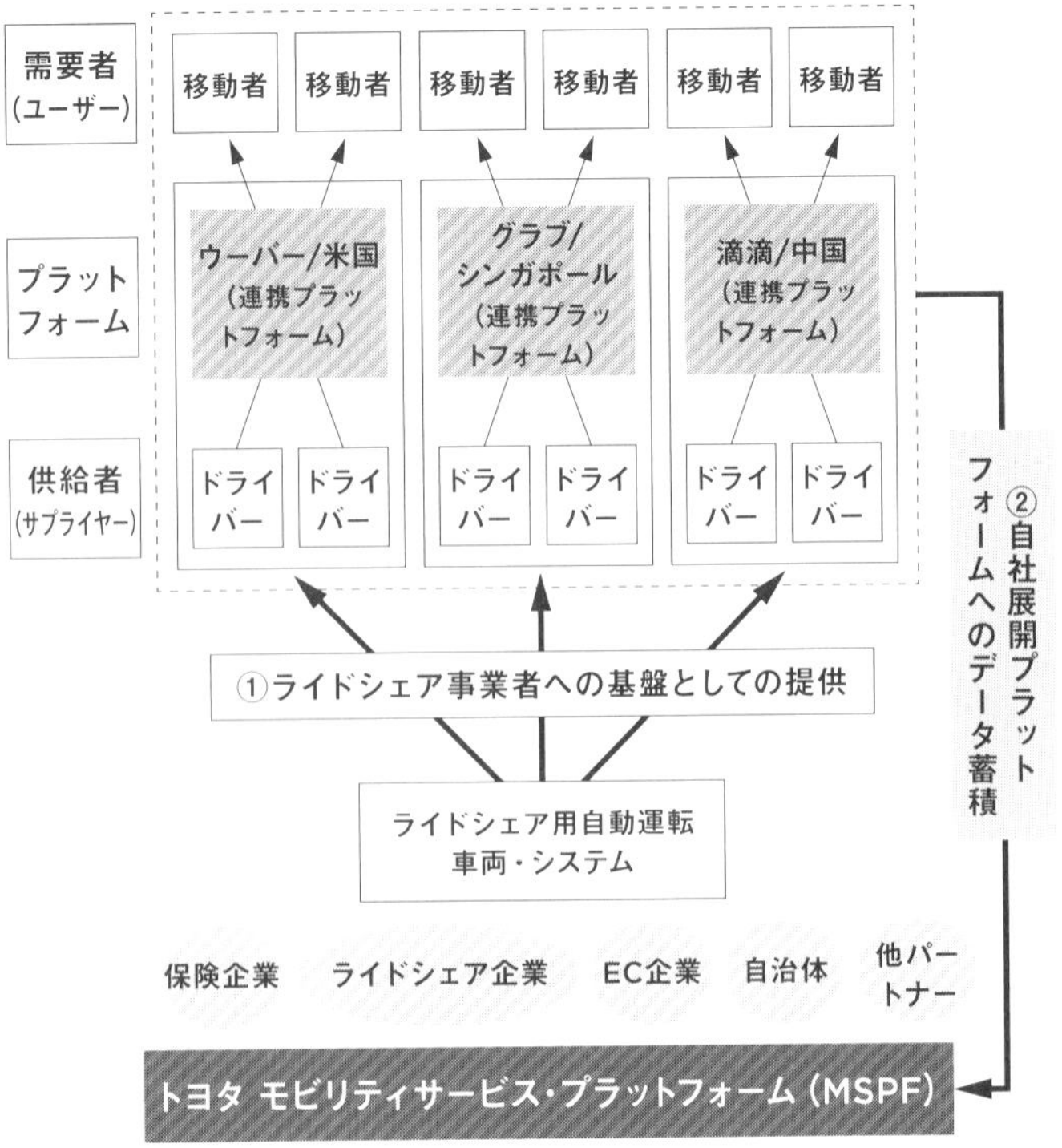

ポイント② バリューチェーンの徹底分析で提案余地を見つけよ

プラットフォーマーとの連携においては、彼らが形成している経済圏全体を踏まえた視点で検討する必要がある。プラットフォーマーは先述のとおり、サービスの需要者・供給者のみならず、その他のエコシステム・プレイヤーを含め、幅広いバリューチェーンを形成している。それらを分析し、彼らのビジネス展開の課題・ボトルネックとなっている部分を発見できれば、そこに連携のチャンスがある。ライドシェア、民泊、ECを例にプラットフォーマーのバリューチェーンがどのように構成され、どのような連携のケースが生まれてきているのかを紹介したい。

①ライドシェアのバリューチェーン

ライドシェア企業は、プラットフォーマー企業と、ドライバーと移動者で完結するように思われるかもしれないが、実はそうではない。たとえば、ライドシェアがドライバーに対して提供・販売する車両や、そのメンテナンス、保険などがバリューチェーン上に存在

図表51　ライドシェアにおける経済圏

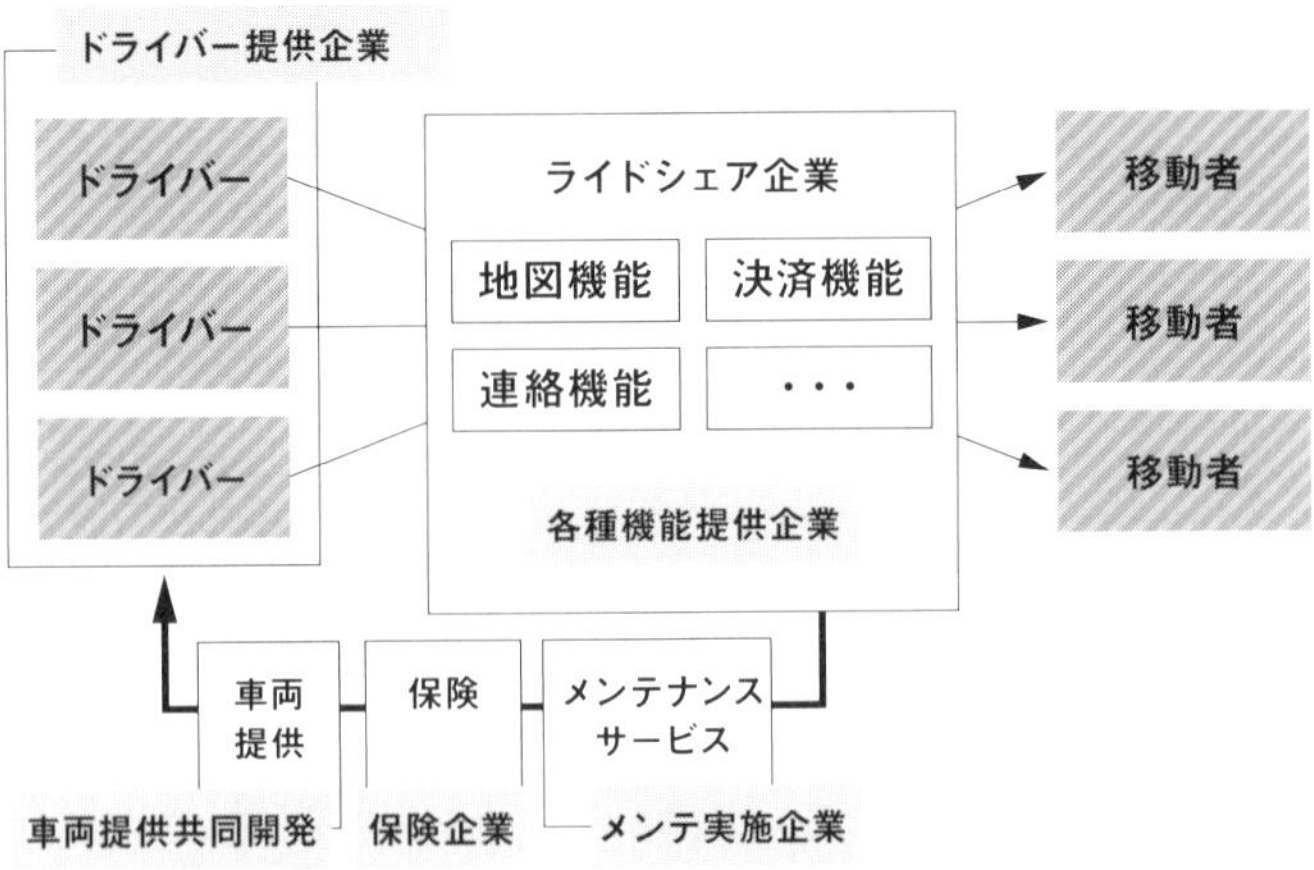

するのである。車両においては、自動車メーカーが自社製品を提供しているケースや、ライドシェア用に専用車両を提供するケース、さらには中古車販売企業が新興国において連携するケースなど、幅広いパターンが登場している。

たとえば中古車販売のガリバーを運営しているIDOMは、タンザニアにおいてウーバーへの中古車提供を行っている。IDOMはガリバーブランドで日本全国に約600店舗の中古車買取販売店網を構築している。同社は2018年2月にウーバーとの戦略的提携を実施している。アフリカでウーバーに登録するドライバー向けに日本の中古車を販売しているのである。

現地ウーバーの登録センターに車両のカタログを置き、ウーバーに登録したドライバーのみが購入できる仕組みを取っている。アフリカにおいては、道路の整備状況が悪く、壊れにくい日本の中古車が重宝されている。今後3年でアフリカ10カ国に展開を広げ、年間500億円の売上を目指す構えである。

これは、プラットフォーマーに対する製品提供のケースである。ライドシェアリングにおいては、サービス供給者としてのドライバーの存在が重要であるが、そのサービス提供者を支える製品として自動車が必要となる。そこに対して、自社製品・サービスを提供しているのである。

②民泊のバリューチェーン

宿泊したいユーザーと、空いている部屋・民家を貸し出したい提供者をマッチングする民泊においても、部屋の保有者と宿泊者だけではなく、周辺に多くのエコシステム・パートナーが存在している。

たとえば米エアビーアンドビーは、エコシステムパートナープログラムである「エアビーアンドビー・パートナーズ」を日本で立ち上げている。パートナーのカテゴリーとしては、次の3カテゴリーが存在しており、多くの日本企業が参画している。

図表52　民泊における経済圏

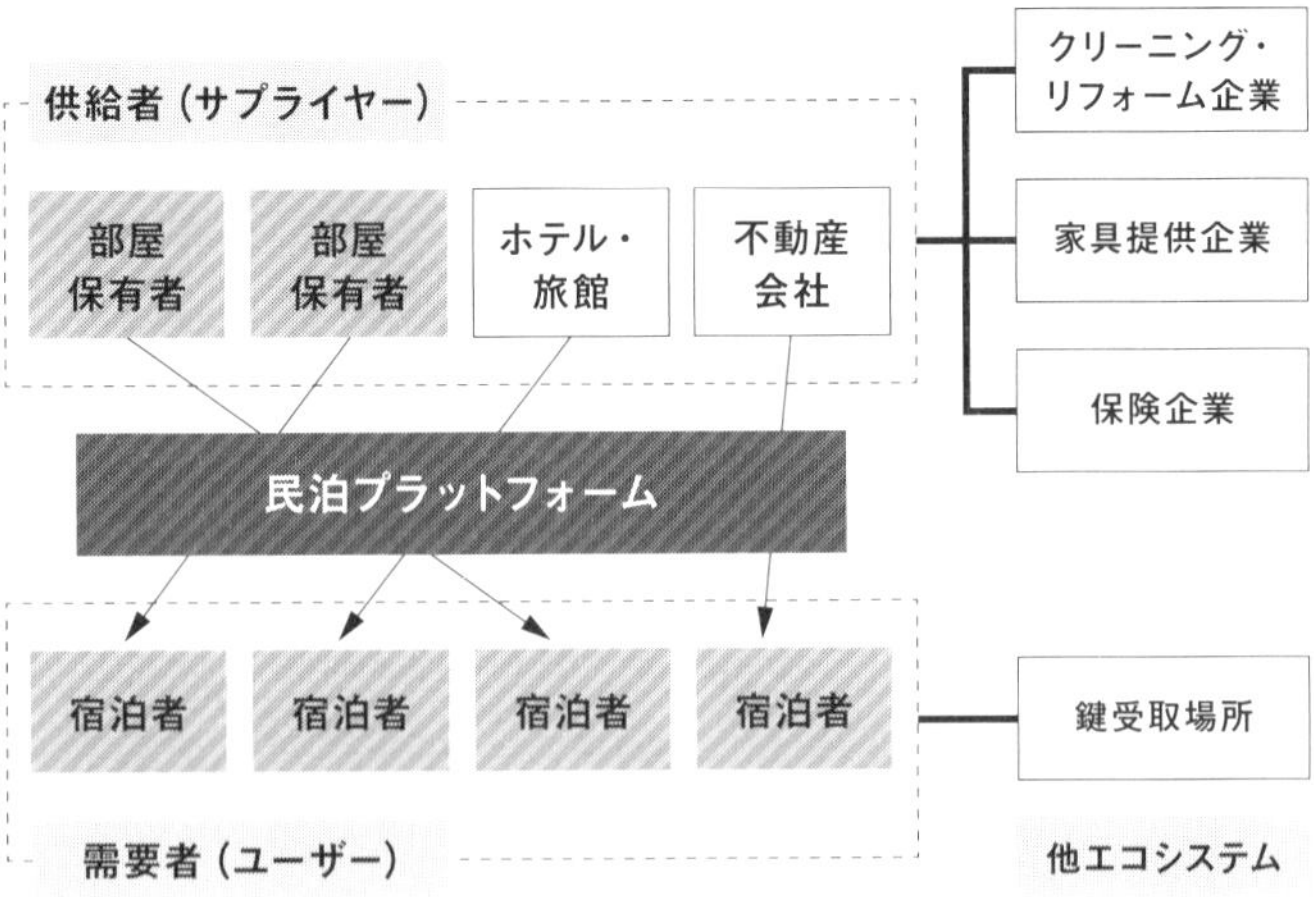

①デマンドパートナー……エアビーアンドビーにおける物件のリストを自社サイトで紹介するなど、自社の旅行商品と組み合わせたビジネスを行う（JTB、ANA、JR四国ほか）

②サービスパートナー……民泊ビジネスに新たな付加価値を提供する（ファミリーマート、ニトリ、損保ジャパンほか）

③サプライパートナー……不動産開発や高品質な民泊施設の提供を行う（オープンハウス、パナホームほか）

たとえば、ファミリーマートはエアビーアンドビーで宿泊を利用するユーザーの鍵の受け渡し場所になることで、店舗への集客につながるという関係性を構築している。ニトリや大塚家具は、場所を提供しているホストに対して家具販売などを行っている。

③ECのバリューチェーン

ECへの商品提供や、ECサイトへの機能・アプリ提供に限らず、彼らの形成している経済圏は通常イメージされる範囲よりも広範囲に拡がっている。たとえば商品が消費者に届くまでに、倉庫で保管され、出荷時に梱包されて物流会社によって運送され、コンビニで受け取られる、といったように、ECのビジネスフローのなかに、多くのプロセスを経由する。そこにビジネスチャンスが存在するのである。

さらに、購入品の付随サービス領域での連携も生まれている。たとえば、タイヤはこれまで、取り付けやメンテナンスに技術・ノウハウが必要であることから、ECを通じた販売には適さないと言われていた。しかし、これらの領域についても、サービス企業がECと連携を行うことにより、新たな顧客接点やビジネス提供の機会を拡大している。

東燃ゼネラルはアマゾンと連携し、ECでのタイヤ購入者に対して取り付け・メンテナンスサービスを行っている。こうした従来ではECプラットフォームでは購入できないと

図表53　ECにおける経済圏

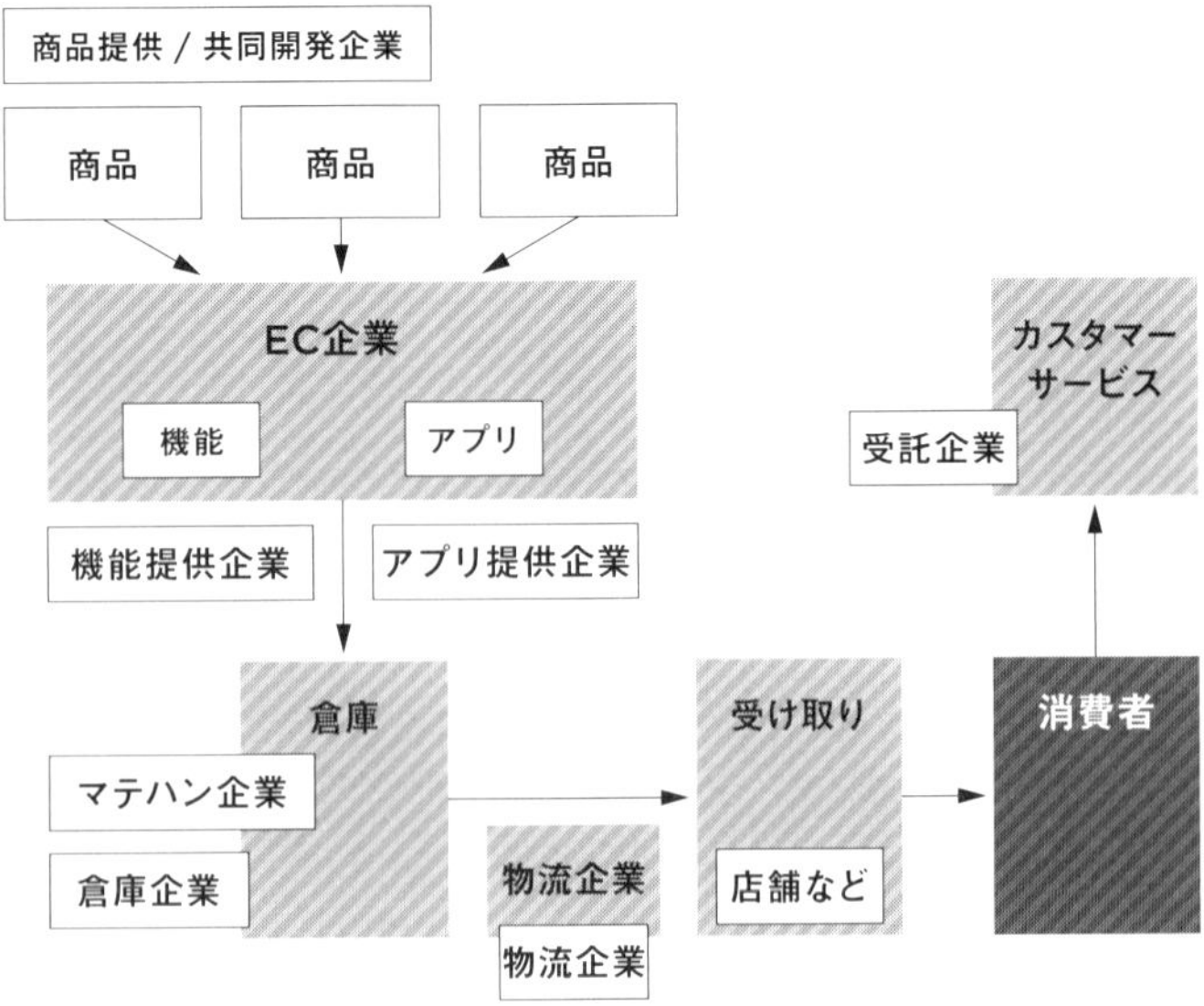

考えられてきた製品・サービスカテゴリーで、ミッシングピースとなる領域を自社が担う提案を行い、双方にとっての新たなビジネス機会を創出することに成功したのである。

事例⑮　MUJIN

ECのバリューチェーンに対する製品・サービス提供事例として、ロボットシステム企業MUJIN（2011年設立）を紹介したい。MUJINは産業用ロボットコントローラーと制御ソフトウェアを開発するメーカーである。各社のロボットコントローラーの上位に同社のコントローラーを置き、制御を行っている。これにより、ロボットシステム全体としての自律動作を可能にしているのである。2017年10月には、中国のEC大手の京東（JD.com）による世界初の完全自動倉庫に対し、ロボットシステム18台を提供している。

今回導入したシステムは、物流用のピースピッキングシステムであり、さまざまな荷姿を瞬時に判断してロボットアームを適切に制御する必要があるため、技術的に実現困難と言われてきた領域である。それを世界最高レベルのモーションプランニング技術で実現している。

JD.com自身も自社でAGVやベルトコンベアなどの物流機器の自社開発・展開を行ってきているが、ピースピッキングの技術ハードルは高く、彼らの構想する自動倉庫や高度化されたサプライチェーンを実現するうえでのボトルネックとなっていた。

MUJINは物流向けの産業用ロボットに投資が集まる前段階から技術開発を進め、JD.comが直面していた高い技術ハードルをクリアできるノウハウを蓄積していた。そのことがこの大規模導入につながっているのである。

日本には、ニッチトップの尖った技術力を持った企業が多く存在している。磨き上げた技術が他社との差別化要因となり、顧客の課題解決につながるということは、相手がプラットフォームであっても変わらない。MUJINのように、今後もプラットフォームに対しての自社製品・サービス展開を拡大する日本企業が出てくることが期待される。

ポイント③　コアサービスを作り込み横展開せよ

セグメンテッド・プラットフォーム展開と同様に、まず、コアとなるプラットフォームと連携の「標準型」を作り込む必要がある。多くのプラットフォームとの連携ができるように標準化を行い、その標準型を横展開していくのだ。特にプラットフォームサービスのビジネススピードは非常に速く、それに対応できるオペレーション・サービスを設計し、そのうえで横展開していかなければならない。

ＪＶＣケンウッドはグラブとの実証実験を経て、ライドシェアプラットフォーマー向け通信型ドライブレコーダーを2019年4月に商用化している。同社は2018年12月から通信型ドライブレコーダーを活用したドライバー向けセキュリティシステムの商用化に向け、実証実験をグラブと共同で行い、サービス・ソリューションの標準型を作っている。

インドネシアでグラブが提携する運転手の車両計200台にセキュリティシステムを搭載。エマージェンシーボタンを緊急時に押すとコールセンターにつながり、車内映像やGPS情報を共有できる。運転者をねらった犯罪が増加し、ドライバーの安全確保が問題になっているグラブと、コアソリューションを提供している。実証実験では9割以上のドライバーがサービスに満足しているという結果が出ており、商用化に至った。

グラブとの連携のうえで導入されているソリューションという「ブランド」は、今後、他のプラットフォームに展開する際の売りとなるだろう。

Japanese

Platform

5章

連携戦略③——アプリケーション・機能連携

Strategy

図表54 アプリケーション・機能連携

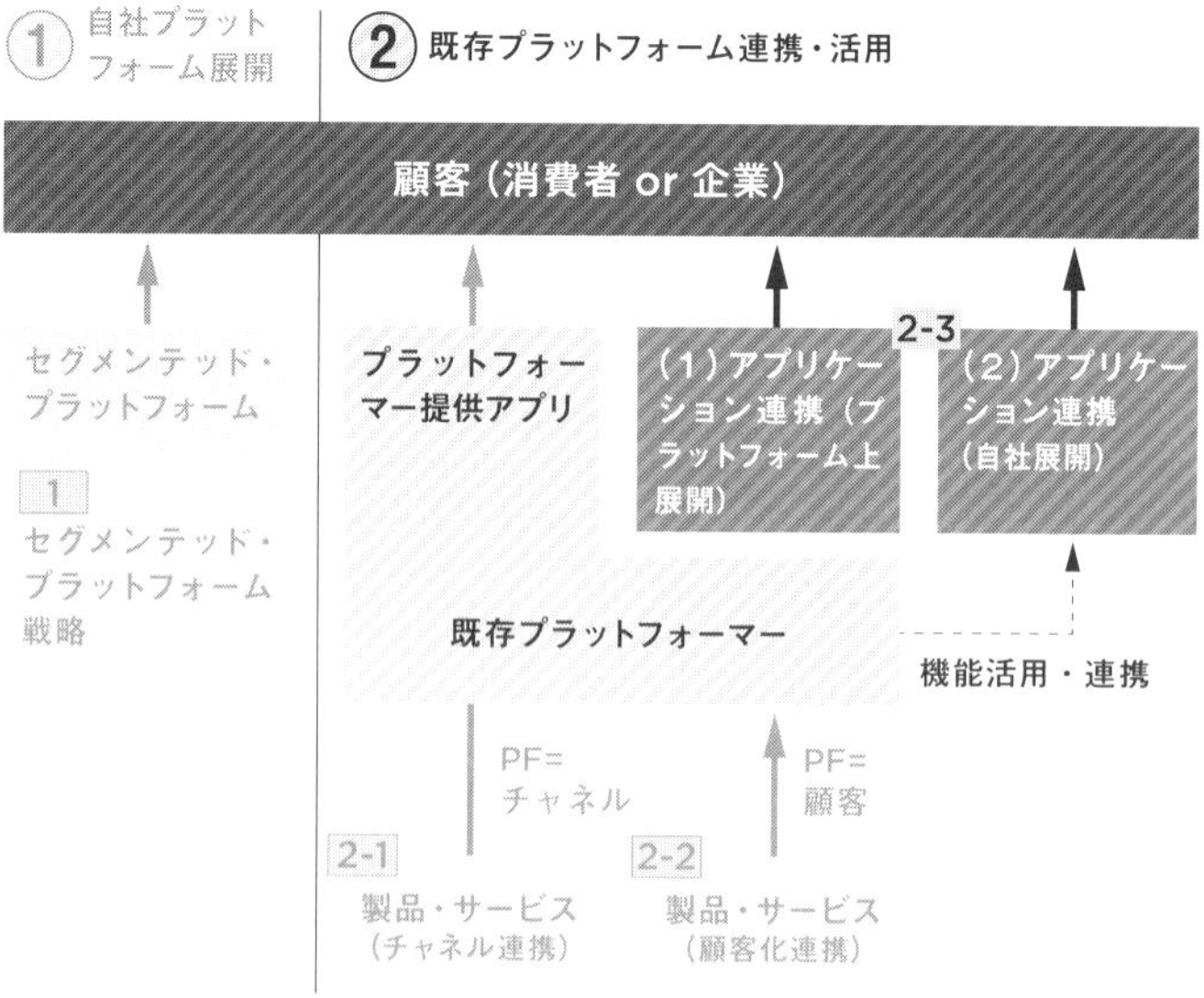

プラットフォームとの連携戦略の3つ目が、アプリケーション・機能連携である。これは、図表54にあるとおり、「⑴自社ノウハウを活かしたソフトウェアを他社プラットフォームに実装し、そのうえでアプリケーションを提供する」パターンと「⑵自社展開アプリケーションをそのまま他社プラットフォームと接続・連携する」パターンに大別される。

これらを実行する際のポイントは、下記のとおりである。

⑴他社プラットフォーム上でのアプリケーション展開

ポイント①　自社の隠れたノウハウ・技術力をアプリケーション化し、外販せよ

ポイント②　ITノウハウ・リソースは外部を活用できる。重要なのは現場感にもとづく課題・ノウハウ

ポイント③　コアノウハウを磨き上げることで、エコシステム内での差別化をせよ

⑵自社展開アプリケーションのプラットフォーム連携

ポイント④　プラットフォームとの連携により自社アプリケーション／サービスの利便性を向上させよ

ポイント⑤　プラットフォームが提供する機能を徹底活用し、新たなビジネスモデルを効率的に試行せよ

それぞれについて簡単な解説を加えたい。

(1)他社プラットフォーム上でのアプリケーション展開

既存プラットフォーム上でマーケットプレイスなどを介してアプリケーションを販売するケースなどがこれにあたる。プラットフォーマー側は、グローバルでの効率的な規模の拡大をミッションとしているため、個別の産業レベルでは必ずしも尖ったノウハウや知見を持っているわけではない。そうした領域では、専門の企業と共同で競争力のあるアプリケーションを開発することを求めている。

本章で取り上げる陰山建設や、三松、LIGHTzなどは、プラットフォームのチャネルを活かして自社ノウハウのアプリケーションを展開している。また、開発のためのリソース・ノウハウが自社に不足している場合でも、プラットフォームのエコシステムを効果的に活用することで、そうした問題を解消することができる。

たとえば陰山建設は、コマツのLANDLOGプラットフォームを介してITアプリ開発パートナーを紹介され、二人三脚でアプリケーションを開発している。

(2) 自社展開アプリケーションのプラットフォーム連携

これは、個別サービスとしてアプリケーション開発や展開を行う際に、各種プラットフォームの機能を活用することで、自社ビジネスを高度化するアプローチである。

ポイント① 自社の隠れたノウハウ・技術力をアプリケーション化し、外販せよ

尖ったノウハウは暗黙知の中にある

製造業を中心に、多くの企業でモノ売りからコト売りへの転換、サービス化が求められている。その手段として有力なのが、自社ノウハウをアプリケーションとして他社に提供することである。日本の製造業やサービス業では、現場に根ざしたノウハウが豊富に蓄積されている。多くの場合は暗黙知として受け継がれていることが多いが、それらを「見える化」して外販できる形で体系化すれば、ノウハウの蓄積が浅い新興国を中心に競争力の

ある商品となり得る。

ドイツが提唱している「インダストリー4・0」で定義されている「アプリケーション・シナリオ」の中の「バリューベース・シナリオ」において、製造業やサービス企業など既存の非IT企業がプラットフォーマーへのノウハウ提供者になることが定義されている。ドイツでは、国家を挙げて既存企業のサービス化が推進されようとしているのである。

日本はこれまで、製造業において世界的に競争力のあるノウハウを持つと言われてきたが、サービス化／ビジネス化においては大きく後れを取ってしまう危険性がある。技術力・ノウハウのある企業は、現状をチャンスと捉えて積極的に自社ノウハウをデジタルサービス化し、プラットフォーマーを介してグローバル展開することを考えることも必要となる。

尖ったノウハウは暗黙知の中にあることが多く、その競争力は認識されていないものの、実は「売り物」になるものがある。たとえば、工場内の社内改善ノウハウが蓄積している企業において、そのノウハウのうち何が売り物になり得るのか、あるいはそのノウハウを誰が持っているのかを明確にできていないケースが多い。ノウハウを標準・体系化し、メニュー化を図っていかなければならないのである。

自社にとっては当たり前のノウハウでも、新興国企業にとっては、十分に提供価値のあ

図表55　隠れた商材となるノウハウの分類

「隠れた商材」となるノウハウの分類	概要	事例
ケイパビリティベース	■自社オペレーションプロセスのなかで、強みとなっている領域	三松 「スマッシュ」 自社の3D工程設計技術を活用
プロダクトベース	■自社プロダクトのメンテナンス・サービスに関連するノウハウ	LIGHTz「Xブレインズ」自社グループ会社金型企業のノウハウを活用
イシューベース	■ビジネスのなかで日々感じている問題意識・課題やニーズ、着眼点	陰山建設「ビルディング・モア」建設業界のICT活用で顧客満足度が劣後していることへの問題意識

るものであることもある。そのノウハウは、匠の技として属人的な暗黙知となっているが、それを外販メニューとして整理することが重要となる。自社の生産技術プロセスを「見える化」するとともに、どの部分が他社にとっても価値があるのかを検討する必要がある。

自社が当たり前のように行っているプロセスの体外的価値は、自社だけで判断することが難しい側面もある。顧客・パートナーをはじめとする外部の目を入れながら進めていくことが求められるだろう。図表55に、隠れた商材となり得るノウハウを分類し、掲載した。

タイで教育プログラムを提供するデンソー

ケイパビリティベースでの「売り物になる

ノウハウ」に関してデンソーの事例を紹介しよう。同社は自社の生産技術ノウハウを外販し、日本・タイ政府支援のスキームのもと、製造業のシステムインテグレーションや、生産技術人材育成のための教育・トレーニングプロジェクト（LASI：Lean Automation System Integrator）の立ち上げを行っている。

生産シミュレーター・IoTなどのサイバー・フィジカルシステムを活用した最先端のデモラインを活用し、自動化／デジタル化や、日本の現場改善のノウハウを学ぶ全11講座、座学と実技あわせて合計120時間の教育プログラムを提供している。LASIはタイの政府や財閥からも高い評価を受けている。

事例⑯　三松

福岡県に本社を置く三松は、1972年設立の金属加工および装置開発・組立会社であり、小ロット生産の委託・エンジニアリングを行っている。三松は自社のノウハウを活かして生産設備・装置の3Dシミュレーターの「スマッシュ」を開発。仏ダッソー、米オートデスクの2つのCADプラットフォームの代理店チャネルを活用し、パートナーソリューションとして展開を行っている。

三松独自ではアプローチできていなかった層に対して、スマッシュの営業・提案を行うことが可能になった。CADプラットフォーマーとは共同で展示会に出展するなど、密な連携を行っている。

「プラットフォーマーとの連携を効果的に進めるためには、自社のアプリケーションを他のサービスと差別化し、エコシステムの中でなくてはならない存在になる必要がある」と同社の田名部社長は語る。

スマッシュの事例は、ノウハウとソフトウェア実装力があれば、中小企業であってもプラットフォーマーの顧客接点を活用してグローバル展開できることを示している。その際に重要となるのが、自社で眠っているノウハウを売るために、いかにニーズに気づけるか、外販に向けて標準化できるのか、ということであり、ここが勝負の分かれ道になる。

スマッシュは、CADメーカーからの依頼がきっかけで開発された。普段から3D CADデータと生産管理システムとの連携を行うために、同社はCAD企業とのやり取りを頻繁に行っており、そこで白羽の矢が立ったのだ。以前から生産管理システムを売ってほしいとの他社からの要請があったが、外販可能な状態にはほど遠い状況であった。今回のCADメーカーからの依頼が、外販を前提にした開発をする圧力となり、ビジネスを広

図表56　三松のプラットフォーム連携の考え方

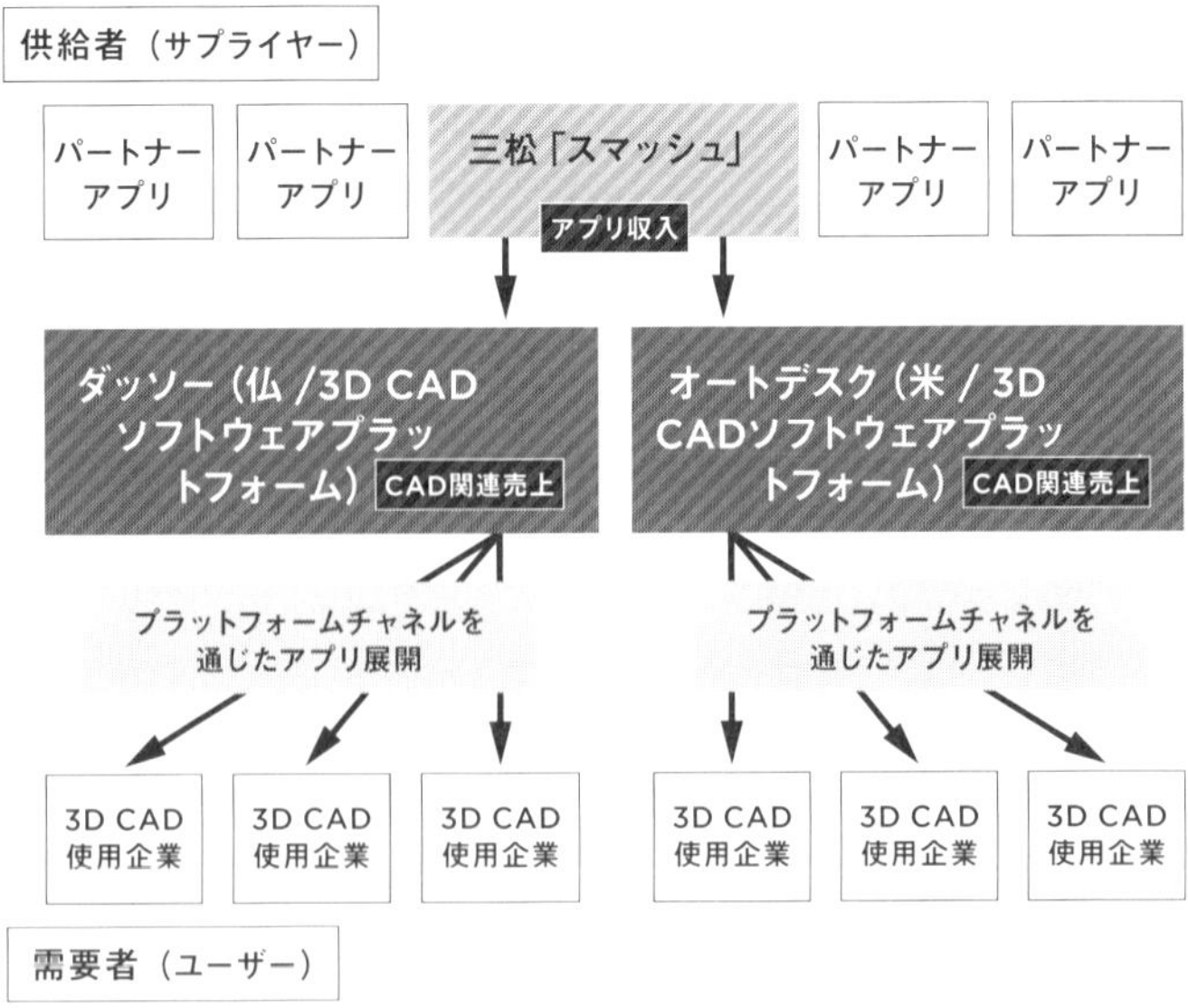

げるチャンスになったのである。

シミュレーション上の動きをいかに滑らかにするかが課題であったが、Xboxのゲームソフトの技術を応用することで解決している。プラットフォーマーの商品力向上に貢献し、ウィンーウィンの関係性を築くことができた好例である。

ポイント②　現場感にもとづく課題・ノウハウこそが重要

先述のとおり、既存プラットフォーマーは競争力の源泉となり得る、個別企業の専門的ノウハウを求めている。特にOS型のプラットフォームは、いかに魅力的なアプリケーションが提供されているかが、その競争力を左右する。そのためプラットフォーマーは、外部ベンダーが開発しやすい環境や、エコシステムを支援するコミュニティ／プログラムを提供することで、パートナーの活動を活性化させている。

たとえばシーメンスは、アプリケーションの開発負荷を下げるローコード開発基盤提供企業の米メンディックスを買収した。シーメンスは他のサードパーティーを含め、エコシステムの活性化に取り組んでいる。

問題意識とアプリケーション構想は持っているものの、ITリソースやノウハウが不足しているために、単独で開発・実装が難しい企業も数多くある。こうした企業に、パートナーとなるIT企業を紹介し、共同開発する取り組みも行われている。ここでは地域の中小建設会社でありながら、エコシステムを活用したアプリケーション展開を行っている事例として陰山建設を紹介する。

事例⑰　陰山建設

陰山建設は、1961年設立の福島県郡山市に本社を構える建設会社である。建設管理アプリの「ビルディングモア」を、LANDLOGのマーケットプレイスを通じて提供している。従来、建設業界のICT施策といえば、企業側の生産性改善のみに注目が集まっていたが、同社社長の「顧客満足度の向上につながるITサービスを提供したい」との思いから生まれたのが、この取り組みである。

住宅などの建設現場は、顧客にとってオープンにされておらず、ブラックボックスとなっている部分が大きい。着工から竣工までのプロセスを可視化することで、顧客の満足度

図表57　陰山建設の「ビルディングモア」の仕組み

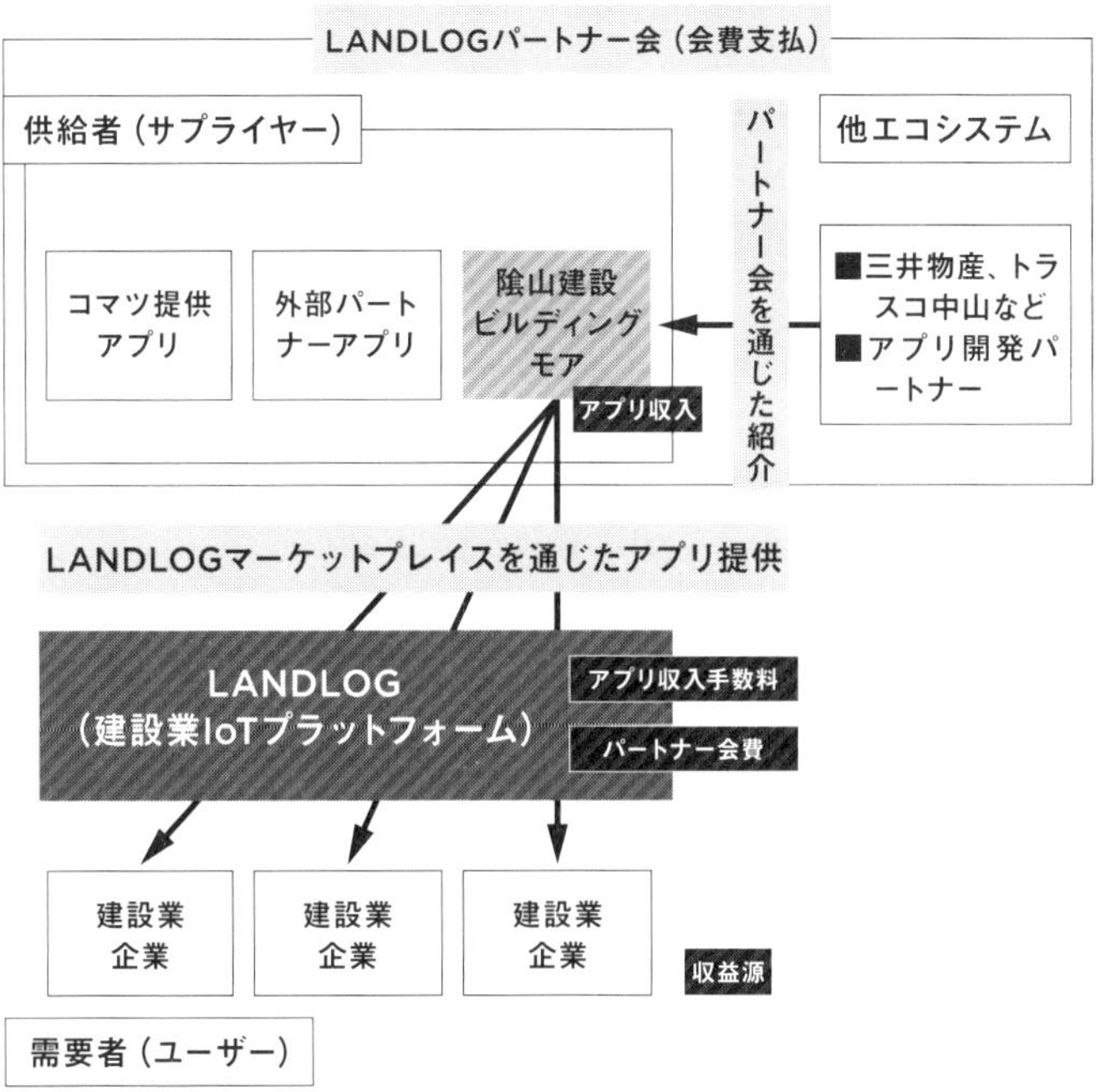

を高めることを目指して、アプリの開発に着手した。アプリでは現状の出来高／進捗／スケジュール、図面／工程表、工事現場写真が見られるとともに、担当者と顧客のコミュニケーションツール、書類管理ツールなども提供されている。

陰山建設はLANDLOG発足時から参画し、他社に先んじてアプリケーション提供を行ってきた。LANDLOGにアプリケーションの構想を提案し、アプリ開発会社の紹介を受け、開発にこぎつけた。紹介を受けたIT企業とともに子会社ビルディングサポートを設立し、当該サービスの販売・提供を行っている。

開発にあたってはLANDLOG側から技術的なアドバイスを受けながら、紹介されたIT企業とともに二人三脚で進めてきた。さらに、現在ではLANDLOGパートナー会で紹介を受けた三井物産、トラスコ中山などとの異業種とも協力し、協力会社との情報連携をより深めることで生産性向上を図るための次世代アプリケーションの共同開発を行っている。

「中小企業単独でできる範囲を超えた発想／アイデア／スピードをLANDLOGに提供してもらっている」と陰山社長は語る。

潤沢なITリソースを持たない中小企業であっても、専門的な知見にもとづく問題意識やアイデア／構想があれば、その実現を支援する仕組みが整ってきている。プラットフォームのエコシステムなどを活用することで、実装のためのパートナーを探すことができる。まずは既存機能・プラットフォームなどを活用し、試行錯誤しながら展開をスタートさせることが求められる。

ポイント③　コアノウハウを磨き上げて差別化せよ

新たなビジネスモデル構築のチャンス

各プラットフォーマーは、決済などの各機能モジュールや、データ解析／AIなどの技術モジュール、OS型プラットフォーマーにおける実サービスとしてのアプリケーション、導入におけるインテグレーター／コンサルティングなど、パートナーに求める項目を明確化し、協業を行っている。

個別ノウハウを持つ企業側から見ると、既存プラットフォームのチャネルやエコシステムを介してアプリケーション化することで、新たなビジネスモデルを構築するチャンスとなる。また、自社でグローバルでの拡販を行うチャネルを持たない中小企業にとっては、このチャネルの活用が有効となる。

たとえば日本のＩＴ企業であるテックビューロは、ブロックチェーンサービスアプリケーションである「ｍｉｊｉｎ」を、マイクロソフトのアジュールのマーケットプレイスを通じて展開している。それにより世界88カ国における販路を獲得し、拡大のスピードを上げている。プラットフォーマーが持つチャネルは、グローバルで広範囲にわたる。これらを活用して効率的に展開を行うことが、プラットフォームビジネスにおいては欠かせない。

シーメンス「マインドスフィア」

シーメンスのマインドスフィアにおいては、エコシステムのカテゴリーを以下のように定義している。各カテゴリーのプラットフォームが相互にウィンーウィンになる形で機能することにより、マインドスフィア全体が高度化していくことを目指している。

・コンサルティング／戦略提案……顧客接点を持ち、顧客へのコンサルティングや戦略提案を通じて、マインドスフィア導入につなげていくパートナー
・アプリケーション開発……マインドスフィアで提供されるアプリケーションを開発するパートナー

- システムインテグレーター……マインドスフィアや、各種関連システムを導入するためのシステム構築・導入支援を行うパートナー
- テクノロジープロバイダー……AIやビッグデータ、アナリティクスなどの技術・機能を提供するパートナー
- ハイブリッドOT……オペレーション技術をもとにIoTソリューションを共同開発するパートナー
- マインドコネクト開発パートナー……マインドスフィアと接続するハードウェアを共同開発するパートナー

マインドスフィアの特徴は、オープンOSプラットフォームとして、シーメンス以外の外部企業からもアプリケーションが提供されることだ。エコシステムカテゴリーの中の「アプリケーション開発パートナー」と定義されている企業がアプリケーション開発を行うのである。自社がマインドスフィア上で展開するためにアプリケーション開発を行うケースもあれば、シーメンスからの紹介で他社が展開するアプリケーションを開発することもある。先述のLANDLOGにおける陰山建設のように、アプリ構想は持っているものの実装力がない場合に、シーメンスがこのカテゴリー企業を紹介し開発を行うのだ。

図表58　マインドスフィア・マーケットプレイスで提供されるアプリ

企業名	アプリケーション
Patti Engineering（米国/エンジニアリング企業）	CNC PIPM＝コンピュータ制御（CNC）工作機械のリアルタイムデータ収集と予測保守の実施
DATA AHEAD（ドイツ/データソリューション企業）	DAprofile＝自動車、食品・飲料、建設、電子製造等幅広い産業における統合データ管理
Rittal（ドイツ/電気設備メーカー）	Rittal Smart Service＝自社冷却機器のリモート診断・メンテナンスコスト最適化サービス
LIGHTz（日本/AI企業）	xブレインズ＝成型機や金型内のセンサーからのデータ監視による樹脂成型プロセスの最適化

そのうえで重要となるのが、エコシステム内での「すみ分け」や独自のポジショニングである。先述のとおり、シーメンスのマインドスフィアにおけるアプリケーションはマーケットプレイスで取引されている。２０１９年９月現在、マインドスフィア・マーケットプレイスにおいて提供されているアプリのうち、日本企業として唯一のものがＬＩＧＨＴｚの「ｘブレインズ（金型管理ＩｏＴアプリ）」である。他のベンダーや、シーメンス自体が展開するアプリケーションとは一線を画した、独自の尖ったポジションを形成していることが評価されたと想定される。

同社は「領域は狭くとも、垂直統合までを目指せば世界と戦える」との考えを持っている。変形加工ものづくり領域における熟練工ノウハウの見える化／継承に焦点を絞って、強固な独自エコシステムを形成して深いノウハウを蓄積し、セグメンテッド・プラットフォーム展開を行っている。その過程で生まれた横展開可能なサービス・アプリケーションを、さらに既存プラットフォームのチャネルを活用してグローバル展開を行っている。まさに、プラットフォーム時代におけるビジネス展開のロールモデル事例と言えるだろう。

事例⑱　LIGHTz

LIGHTzは2016年に設立されたAI企業であり、製造コンサルティング企業のO2（オーツー）を親会社、金型成型メーカーのIBUKIを関連会社に持つ。同社は、これまで熟練工の「勘と経験」に頼っていた樹脂成型ノウハウを、射出成型機・金型内に設置したセンサーや人工知能を活用して可視化するとともに、分析・異常検知などを行う金型管理IoTアプリケーション「xブレインズ」を提供している。

xブレインズは、先述のとおり2019年11月時点でマインドスフィアのマーケットプレイスで日本企業として唯一グローバルに公開されているアプリケーションだ。熟練工の暗黙知・ノウハウをブレインモデル（Brain Model）の形式で言語化。そのデータを教師データとして熟練者技能継承AIプラットフォーム（ORGENIUS）に教えることで、

図表59 LIGHTzのプラットフォーム連携の考え方

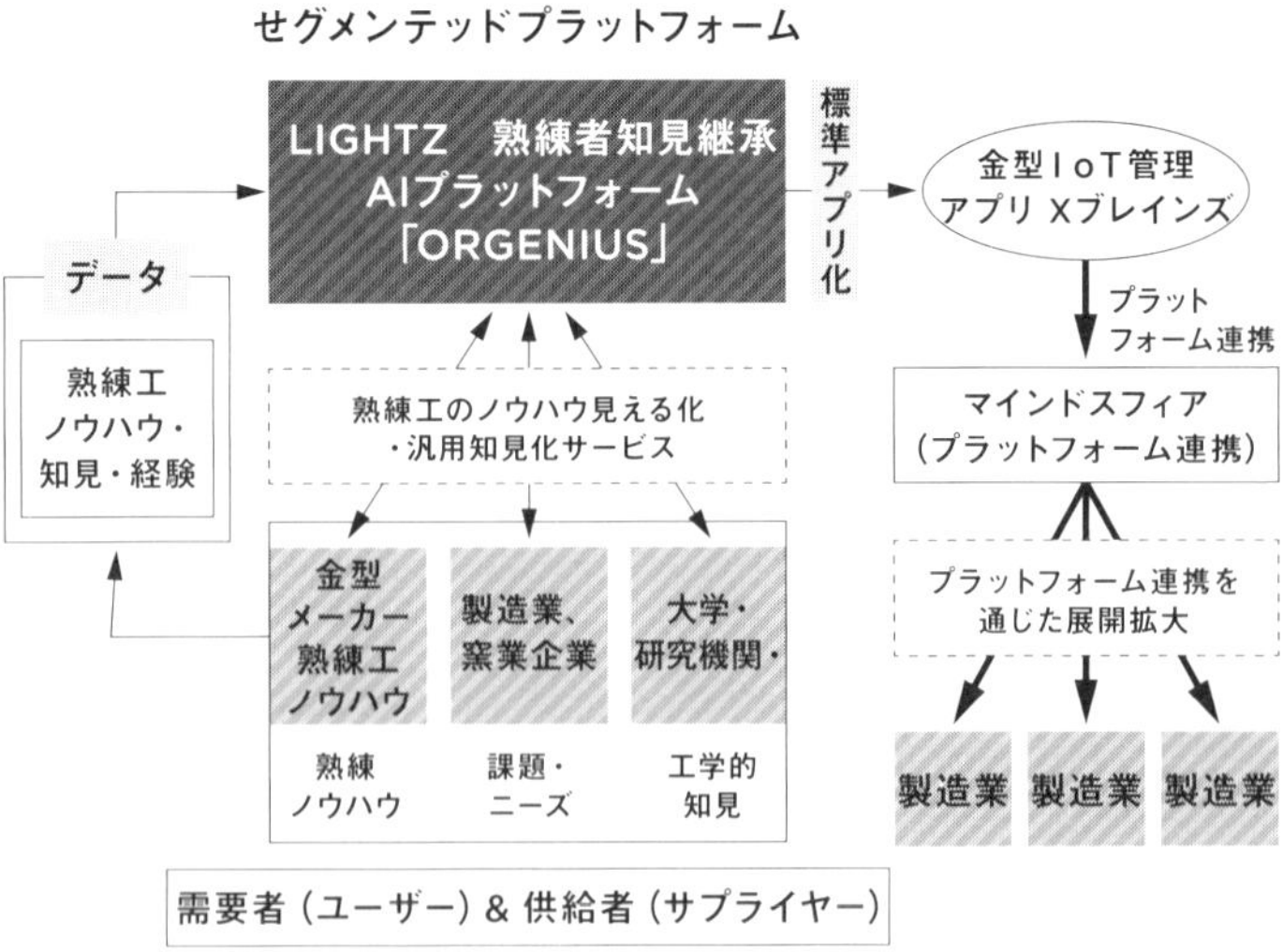

知見を共通利用できる「汎知化」サービスとして展開している。

LIGHTzは鋳物／鍛造／鋳造／成型などの変形加工領域に特化したセグメンテッド・プラットフォームといえる。関連会社の金型メーカーIBUKIなど熟練工ノウハウを持つ企業、ユーザーとなる製造業企業、工学的知見・分析能力を持つ大学・研究機関、自治体などと連携し、サービス開発を行っている。

プラスチック成型における熟練技術の伝承においては、山形大学高分子材料研究センター、ダイキン工業や信越化学工業などのユーザー製造業、自治体などと連携している。また、有田焼の窯業におけるプロジェクトにおいては、佐賀大学・有田焼熟練工芸師、佐賀県窯業技術センターと連携を行うなど、特定領域での強固なエコシステムを形成している。

ＬＩＧＨＴｚの強みは、こうした強固な連携を通じて、変形加工領域の熟練技能の見える化・サービス化に特化したノウハウを蓄積していることである。そのため、連携するマインドスフィアにおいても、他アプリケーションベンダーや、シーメンス自体が展開するアプリケーションとは一線を画した尖ったポジションを取ることができている。

プラットフォーム側の立場からすると、自社や他パートナーと重なりのあるサービスの場合は、共同でのプロモーションを行うことが難しい。ＬＩＧＨＴｚはプラットフォーム連携においても「すみ分け」を行い、エコシステム内での自社提供価値の差別化を図ることで、補完関係のあるパートナーとして、より強い協力関係を築くことができるのだ。

ポイント④　連携により自社アプリ／サービスの利便性を向上させよ

アマゾンのAWS、マイクロソフトのアジュール、グーグルのGCPなどの各クラウドサービスは、データのストレージのみならず、IoTなどのサービスを構築するための機能を提供している。これらのサービスを構成する技術領域は進化が速く、自社で構築しようとすると相当なリソースとコストがかかってくる。自社のコアとなる領域は独自に開発を行っていく必要があるが、その他の領域は、こうした既存モジュールの活用により、効率的に展開を図っていくことが欠かせない。

また、ユーザー側の利便性を向上させる観点から、ユーザーが使用している各種プラットフォームとのデータや機能の連携を行っておくことや、最新技術／機能との連携が図れる設計を行っておくことも重要となる。

たとえば「誰もが使える機械学習」をコンセプトに、各機能モジュールを組み合わせてユーザーに最適な機械学習サービスを設計できる「マゼランブロックス」を展開しているグルーヴノーツのケースを以下に見ていこう。

図表60　グループノーツのプラットフォームとの連携の考え方

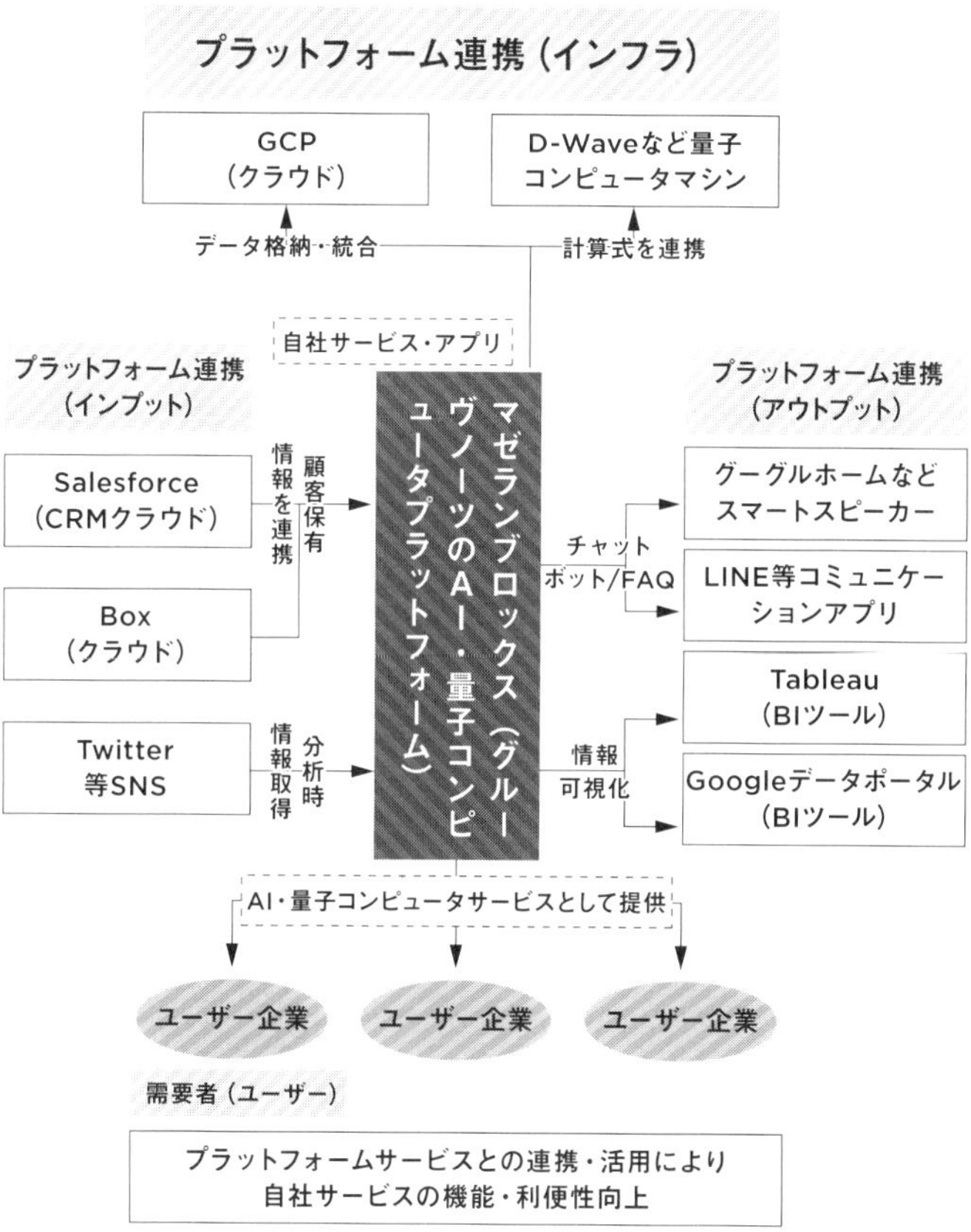

事例⑲　グルーヴノーツ

２０１１年に福岡で創業したグルーヴノーツは、ＡＩと量子コンピュータを活用した独自のエンタープライズ向けクラウドプラットフォーム「ＭＡＧＥＬＬＡＮ　ＢＬＯＣＫＳ（マゼランブロックス）」の開発・提供を行っている。量子コンピュータの商用サービス化に成功した、世界でも先端技術を有する企業として知られている。

マゼランブロックスは、複雑な技術を誰でも簡単に使えるよう、プログラミングを必要としないユーザーインターフェースを持ち、専門知識がなくても必要な機能の組み合わせによって、機械学習や深層学習、量子コンピュータの業務適用に特化したソリューションである。

ＡＩを活用するうえでは、数値や映像・画像、文書類などのさまざまなデータセットが欠かせない。そこでマゼランブロックスは、データ基盤のグーグルクラウドプラットフォーム（ＧＣＰ）やＣＲＭのセールスフォース、トレンド分析のためのツイッターなどとの連携を行えるようにしている。また、予測結果を表示・活用するチャネルとして、グーグルスプレッドシートやデータ可視化サービスのタブロー、チャットボットにはツイッター

図表61　量子コンピュータクラウドとの連携

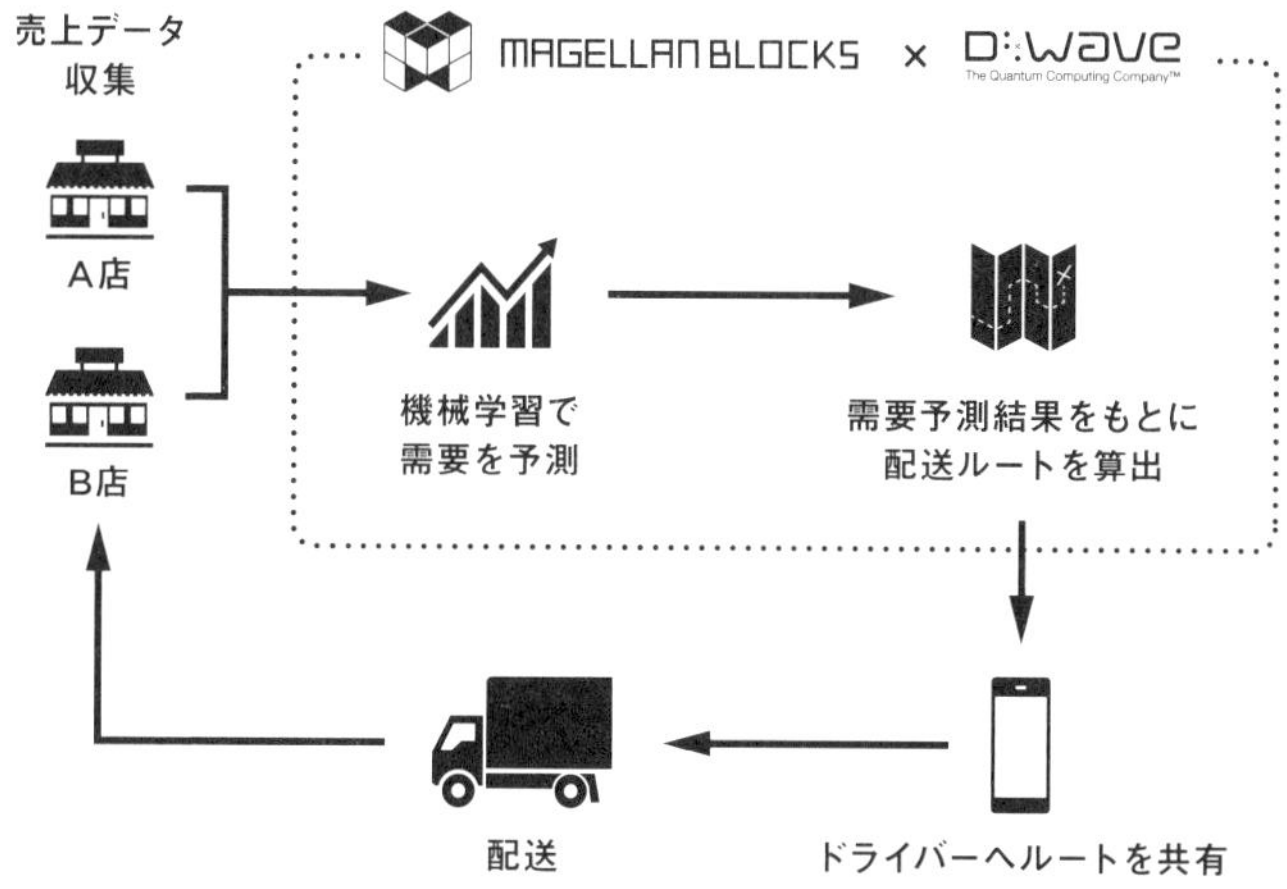

出所　https://www.groovenauts.jp/2019/03/26/information-35/

やLINEなどの各種外部サービスと連携する。

一方で、一般サービス化がなされていない領域として、たとえば気象庁が公開する気象データセットをマゼランブロックス上で利用できるようにするなど、顧客の業務課題や業務フローに応じたサービスを提供している。

近年では、世界で初めて量子コンピュータの商用サービス化を成し遂げる。これにより、AIによる高精度な未来予測にもとづき、量子コンピュータを活用した供給の最適化までを実現する、一気通貫のソリューション提供が可能になった。たとえば、コールセンターにおける入電数の予測からオペレーターシフトの作成や、流通・物流における需要予測を加味した最適な配送ルートの策定などが実現する。

グルーヴノーツは最新の技術を常に取り入れながら、適切な外部サービスと連携を強化し、自社サービスの利便性・顧客体験の向上を図ることで、企業の課題解決につなげているのである。

ポイント⑤ 機能を徹底活用し、新たなビジネスモデルを効率的に試行せよ

先述のとおり、製造業・サービス業などの既存産業では、デジタルサービス化が求められている。そのなかで製造業を中心に注目されているのが、月額課金（リカーリング）／従量課金（ペイパーユース）である。これは従来どおり販売時に収益を得るのではなく、サービスとあわせて月額料金を受け取る、もしくは使用量に応じて課金するモデルである。

特に産業機器のように本体が高価格であったり、タイヤのように高頻度でのリプレースが求められる製品において有効な販売モデルである。これらのモデルを採用するためには、

利用量のモニタリング、利用状況に応じた分析、課金システムの構築など、さまざまなIT機能が必要となる。これらの機能をAWS、アジュール、GCPといったクラウドプラットフォームが提供しており、顧客と共同でソリューション開発を行っている。

図表62に、マイクロソフトのアジュールを活用したサービスビジネスモデルの創出事例の一部を紹介する。

プラットフォーム機能を外販しているオプティムのように、こうした従量課金・定額課金などのサブスクリプションサービスの機能を提供している日本企業が存在する。2006年設立のBplatsだ。

Bplatsは、先述のコニカミノルタ「ワークプレイス・ハブ」の日本における月額課金モデルを支えているとともに、富士通／デル／ブラザー／積水化学などの企業のサブスクリプション展開を支えている。

技術進化が激しい昨今において、顧客は固定的な投資を避ける傾向にある。初期設備投資を抑え、オペレーションの状況に応じた変動費としての課金を行い、組み替えられるようにする提案が求められているのである。また提供側の観点からも、購入時の取引で終わるのではなく、継続的なサービスを通じて顧客との接点を持ち続けることによってニーズを把握し、それをもとにした新たなビジネスの開発／創出を生み続けるサイクルを作るこ

図表62 アジュールを活用した主なサービスモデル創出事例

海外/国内	企業	概要
海外	フィリップス	照明器具の販売費ではなく、照明使用量に応じて課金する従量課金サービス「Lighting as a Service」を展開
海外	ロールス・ロイス	航空機向けエンジンをハードウェア販売費ではなく、エンジン出力・使用時間で課金する従量課金サービス「Power by the Hour」の展開
国内	クボタ	KSAS対応農機を活用した農業経営の見える化・高度化ソリューション・サービス「KSAS」の展開（営農コースは月額課金）
国内	ブリヂストン	運送事業者向けタイヤ管理・タイヤ状況モニタリング／メンテナンス・交換タイヤ提供などを行うソリューション・サービス「Toolbox」「Tirematics」「BASys」の展開
国内	竹中工務店	ビルメンテナンスのためのIoTソリューション・サービス「次世代建物管理システム」の展開

出所　各社HP

とができる。

日本企業においては、「ワークプレイス・ハブ」など、一部の事例が出てきているものの、まだまだその数は少ない。今後は、これらのモデルを支える技術／機能のコストが下がり、技術的なハードルも下がってくるはずだ。既存プラットフォーマーの機能・技術を積極的に活用した新たなビジネスモデルを創出していくことが期待される。

Japanese Platform Strategy

6章

プラットフォーム時代に日本企業に求められるもの

これまでプラットフォーム時代における先進事例を紹介してきたが、日本全体を俯瞰的に見ると、きちんと競争力を構築できている事例はまだ少ない。本書で提言する、日本企業がデジタルプラットフォーム時代において競争力を発揮していくために求められるポイントは、以下のとおりである。

- ポイント① プラットフォーム時代をチャンスと捉え、自社の展開ポジション・提供価値を見定める「QCDから、VPSへの競争軸の変化」
- ポイント② ビジネスモデル変革に向けたトップのコミットメント「意思決定ができる体制と判断の仕組み」
- ポイント③ ビジネスの形を常に組み替え続ける「すみ分けと連携のマルチ展開」
- ポイント④ デジタル「技術」そのものにとらわれすぎない「既存機能活用・他社連携を前提とする」

以下、1つずつ見ていこう。

ポイント①　QCDからVPSへの競争軸の変化

これまでプラットフォーム時代のビジネスモデルとして、自社セグメンテッド・プラットフォーム展開と、既存プラットフォーム連携のあり方を述べてきた。B to C、B to Bを問わず顧客の意思決定がプラットフォーム中心となってくるなかで、いかにビジネスを展開するのかが、重要な戦略アプローチとなる。

本書の冒頭で述べたとおり、ビジネスにおいてはこれまで、Q（品質）C（コスト）D（デリバリー）をいかに自社で追求するかがカギであった。主にQの領域「品質にこだわったモノ・サービスを提供する」の強みで、日本企業は世界の中での競争力を保ってきた。しかし、これからは競争環境が大きく変わる。重要なのはV（提供価値）である。これまでの「D」にあたるデリバリー／サプライチェーンの領域をプラットフォームが担うようになった。それとともに「C」のコストは、既存製品／サービスの価格にとどまらず、いかに「価値」を提供できたかとの見合いで考えられることになる。金融機関／自動車メーカーにとって顧客対象となり得なかった20億人の層を顧客に変えたGMSがまさにその例であろう。これは金融・自動車メーカーにとって、事業構造の転換をもたらしており、単にGMSのサービスを通じて増加した顧客分の売上以上の価値／インパクトをもたらしている。

アルムの救急医療における致死率の減少や、リンカーズのマッチングによるイノベーション／企業成長の実現、LIGHTzによる熟練工の知見・ノウハウの継承など、どれも既存のC（コスト）の考え方だけでは測れない価値を提供している。

その価値を、プラットフォーム（P）やエコシステムとの連携・シナジー（S）を通じて顧客・ステークホルダーに提供するのだ。重要なポイントは、自社のみでVを生み出すのではない、ということだ。エコシステムを形成・活用し、他社と連携してそれを実現していくのである。

これは、特に中小企業にとって大きなチャンスとなる。これまでは自社単独でDのサプライチェーンをグローバルに構築することは財務体力上困難であった。また、Cについても規模の経済を利かせるための生産規模の拡大や、グローバルレベルでの低価格の調達ネットワークを構築することも限界があった。

しかし、それをプラットフォームや付随するエコシステムを活用することで、自社のビジネスの延長線上では到底考えられないスケール・スピードでの展開が可能になる。そうすると、従来日本が得意としてきたQ（尖った技術、ノウハウ）に集中することができる。

図表63　**日本企業に求められるものの変化**

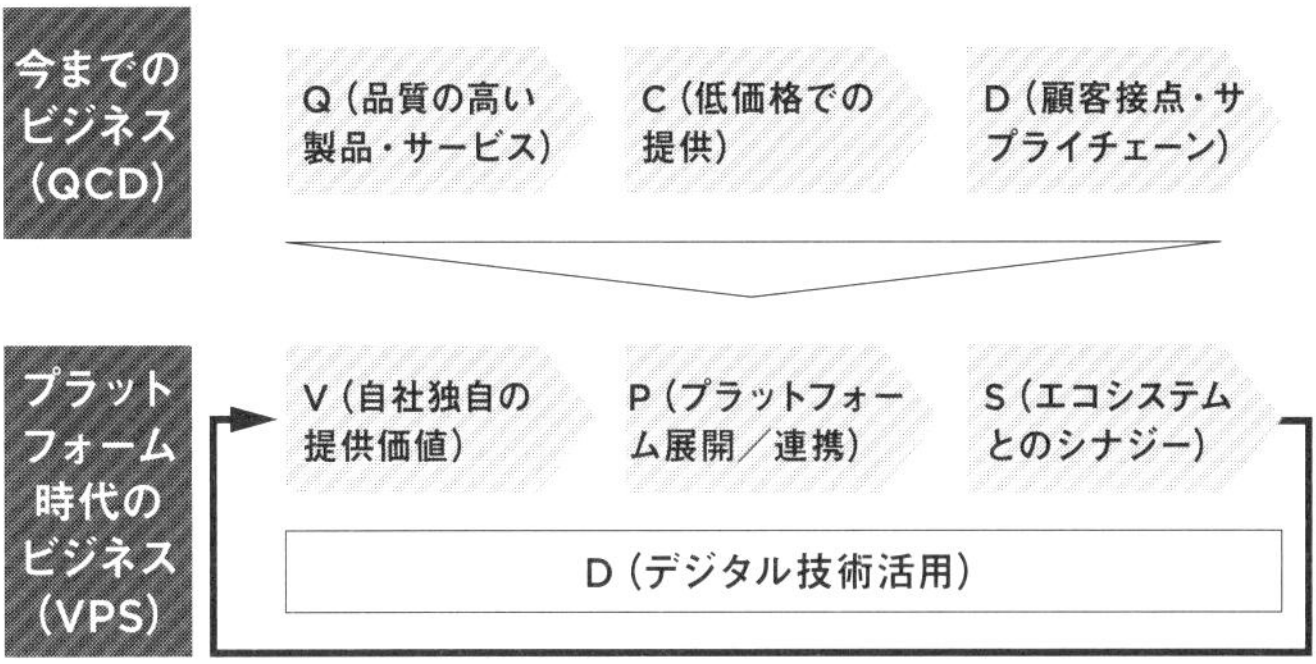

このQを、エコシステムと連携し（S）、プラットフォームを活用（P）してステークホルダーにとっての価値（V）にレバレッジするのだ。それを支えるデジタル技術（D）は、提供・支援できるプレイヤーが多数登場しているので、いかに既存機能を活用するかが論点となる。

改めて述べるが、プラットフォーム時代のビジネスモデルといっても、必ずしもプラットフォームを自社展開しなければならないわけではない。イオン、三松、陰山建設などの例は、既存プラットフォームによって生まれる機会を最大限活用し、自社のみでは実現できなかった新たな価値提供・機会創出を行っている。いかに既存のプラットフォームを自社ビジネス展開の梃子として捉えて、連携の余地を探っていくかが企業に問われている。

また、自社でプラットフォームを展開する場合でも、戦略的なすみ分けや、プラットフォームとして独自のポジションを形成する機会は必ず存在する。2章のセグメンテッド・プラットフォーム企業の事例は、どの企業も自社の提供価値/強みを深掘りすることで、独自のプラットフォームを形成している。いままでのビジネスの延長線上では到底実現できなかったチャンスが生まれてきているのである。この機会に、全社的にビジネスのあり方を見直してみてほしい。

ポイント② 意思決定ができる体制と判断の仕組み

中長期的なスタンスを持つ

このポイントは、本書で取り上げた先進企業と議論をするなかで必ず出てきたキーワードである。プラットフォーム展開においても、プラットフォーム連携においても、現在の大きなビジネス環境の変化のなかで、企業のあり方が問われている。どのように事業を進めていくべきかを、トップも含めて綿密に議論していかなければならない。

プラットフォームビジネスはエコシステムが形成され、顧客のデータや、課題に対するソリューションの蓄積があってはじめてネットワーク効果が生まれ、収益化が進むビジネスモデルである。そのため、通常の新規事業計画のように3〜5年など短期間での黒字化を求めるスタンスでは評価できない。エコシステム形成やデータ収集の段階で、黒字化できずに断念、といった事態が容易に想定される。

プラットフォーム連携においても、エコシステム・パートナーとして共同で事業を創り上げていく姿勢が重要となる。その際、プラットフォーマーの迅速な意思決定に対応し、こちら側もトップを中心とした意思決定のスピードを上げていかなければ機能しない。

また、プラットフォーマー側に対して、中長期も含めてどのようなスタンスで連携していくのかを明確にすることが求められる。仮にプラットフォーマー側が競合と連携した場合はどう対応するのか（オープンプラットフォームの場合、前提として想定しなければならない）、競合となる製品をプラットフォーマー側が自社開発した場合にどう対応するのか、といった自社目線での戦略シナリオを明確にする必要がある。そのうえで、迅速に実行するためのリソース配分などが重要となる。

トップの明確なコミットメントを

それらを含めて経営トップや、事業部、IT部門など、キーパーソンを集めたチームを組成し、検討を進める必要がある。スタートアップや中小企業は、比較的素早い意思決定が可能だが、大企業は縦割りの組織構造のなかで、意思決定がうまくなされず検討が進まないことが想定される。

特に多いのがITに関して知見のない経営者が、担当者に丸投げし、事業検討を指示するケースである。プラットフォームビジネスは新しいコンセプトであるため、従来のビジネスと比較して明確な判断軸が少ない領域である。全社としての意思決定権限がない担当者が、各種の調査・分析を行っても、結局、方向性を打ち出せず、頓挫するということが頻発している。

重要なのは、トップもしくは権限をトップから委ねられている担当者が、腹をくくって意思決定することである。本書で取り上げた先進企業に共通していたのは、トップ・意思決定者の明確なコミットメントであった。GMSやアルムのようにプラットフォームを志向して起業したスタートアップ企業や、クックパッドのようにプラットフォーム事業を生業としているIT企業に限らず、陰山建設や三松といった地域の中小企業や、コニカミノルタやイオンモールのような歴史ある大企業においても、共通してトップが事業をやり抜く強い意思を持って取り組んでいる。

たとえば、コマツのLANDLOGを通じて「ビルディングモア」を展開している陰山建設においては、ＩＴへの抵抗を感じている社員がほとんどのなかで、社長の陰山氏がトップダウンで事業ポートフォリオを見直し、アプリケーション・サービス拡大に向けて迅速に舵を切ったという。

まずは小さく始めて検証する

トップが丸投げし、担当者が報告を行うといったレポートラインでは、このような意思決定は実現し得ない。経営トップもしくはトップから意思決定権限を委譲されている人物を中心とし、経営企画／事業部／ＩＴ部門などのキーパーソンで構成される横断チームのもとで、迅速に意思決定をすることが求められる。

その際に重要なことは、仮説を立てるまでの期限を明確に設けることである。期日を設けなければ、日々続々と登場する新たな技術やビジネスモデルの中で、どれが最適かを判断できず、先送りを繰り返すことになりかねない。

ビジネスモデルの実証のために必要な技術などは確立しつつあり、価格も大きく下がってきている。小さくでもまずは始めて検証し、事業をブラッシュアップしていくことが重要だ。

イオンモールとゴジェックとの連携においては、半年の期限を決めたうえで、ノン・エクスクルーシブ（非独占：他社との別連携の可能性を排除しない）の形態を取り、まず小さく実証する選択を取った。だからこそ、イオンモール内の意思決定を迅速に行うことができ、実証を通じたブラッシュアップの方向性をゴジェックとともにすり合わせる体制ができたのである。

事業の評価基準を見直す

KPI・人事評価や投資基準に関しても見直しを図る必要がある。前述のとおり、プラットフォーム戦略は会社のあり方を変えるものとして、長期的に取り組む必要がある。従来のように、3～5年で成果・安定収益を上げるモデルでなければ稟議が通らない、もしくは通ったとしてもすぐに撤退となってしまうような評価基準では、新たな事業も創出されず、そもそもそういった取り組みに果敢にチャレンジする人材すら出なくなってしまう。とあるプラットフォーム企業は、新規事業のあり方にベンチャー投資と同じ考え方を導入しているという。

このIT企業は、新規事業についてシード／アーリーステージなどベンチャー企業と同様の段階分けを行い、各ステージで業績だけではない評価基準や、投資金額などを設定している。スモールビジネス的にゆっくりと期間をかけて成長する事業なのか、スタートア

図表64　プラットフォーム時代における必要な新規事業の評価軸

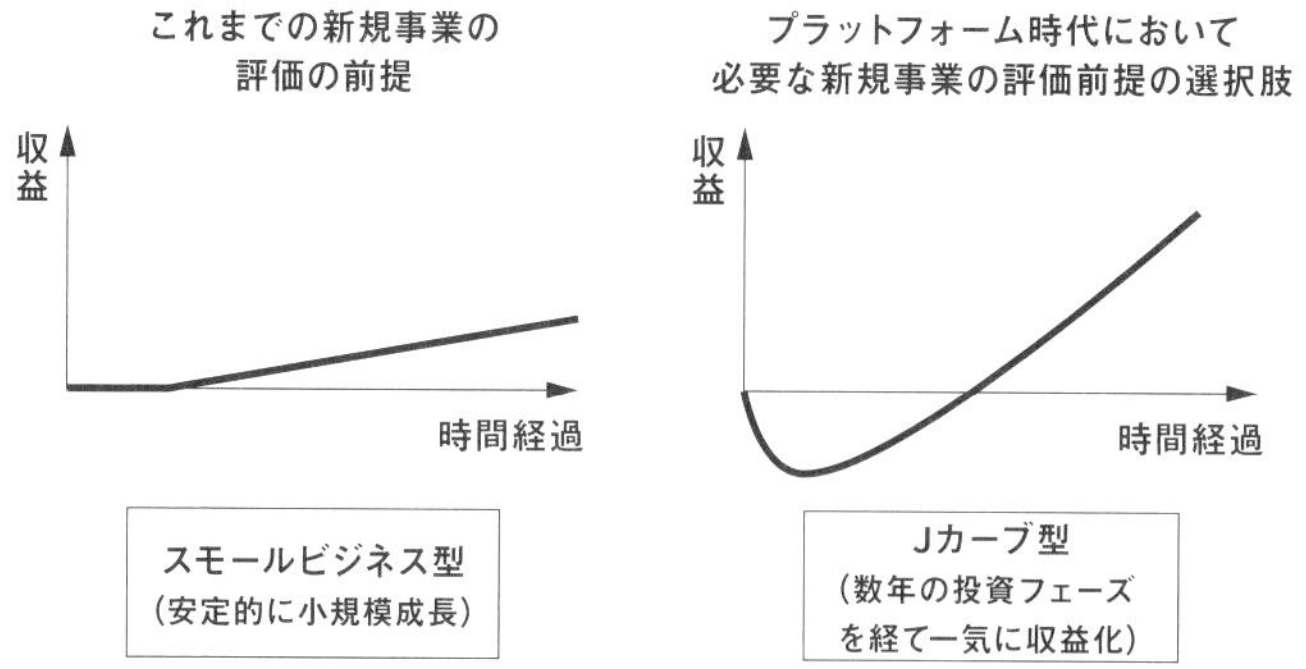

ップのようにJカーブ（立ち上げ数年の赤字の後に急成長しリターンを得る事業成長モデル）を描く事業なのかによって、予算と評価基準を分けているのである。

単に短期的な収益が出るかどうかではなく、長期的なインパクトや企業のビジネスモデル変革の進捗などを評価基準に置いている。前述のとおり、プラットフォームビジネスはデータの蓄積や市場ポジションの確立とともに、一気に収益化する事業特性がある。それらに合わせ、いままでの画一的な判断から脱却する仕組みが必要である。

会社の投資基準を変えることが難しい企業においては、トップや投資家からの厳しい追及から事業を守るために、短期的に収益が得られる周辺事業を行うことで、プラットフォーム整備を並行して行っているケースもある。たとえばテラドローンは、投資家からの短期での利益拡大の要求に応えるために、ドローンサービスを通じて安定的な収益を確保したうえで、その収益を活用した中期的なプラットフォーム事業の整備を行うという両輪を回している。

ポイント③　すみ分けと連携のマルチ展開

繰り返しになるが、本書で紹介したビジネスモデルは、あくまで継続的なビジネスモデル変革議論のスタートラインにすぎない。当然ではあるが、プラットフォーマーの動きなどを踏まえて、今後、柔軟に組み替えることが必要となる。

①自社セグメンテッド・プラットフォームと既存プラットフォーム展開を同時並行で実行していくことや、②1つのプラットフォームに限定せず、複数のプラットフォームとの連携ポートフォリオを持つこと、さらに③プラットフォーム間で相互連携していくこと――など、各戦略の組み合わせが求められる。

組み替えパターン①：「すみ分け」と「連携」の両輪展開

これはコニカミノルタ「ワークプレイス・ハブ」、アルム「Ｊｏｉｎ」、トヨタのように、自社セグメンテッド・プラットフォーム展開の「すみ分け」と、他社プラットフォーム「連携」を組み合わせたハイブリッド展開である。ハイブリッド戦略においては「自社ハードインターフェース型」「提供基盤データフィードバック型」「Ｔ字使い分け型」が存在する。

コニカミノルタは、自社複合機をインターフェースとして自社プラットフォームであるワークプレイス・ハブと、シーメンス・トルンプの他社プラットフォームを接続し、自社ハードウェアの価値を高める展開を行っている。「自社ハードインターフェース型」のハイブリッド展開事例である。

また、トヨタはウーバー／グラブ／滴滴といった複数のライドシェアプラットフォームに対して、事業基盤となる自動運転システムを提供し、その結果として稼働データ・車両利用データを自社が展開しているモビリティサービス・プラットフォームにフィードバックさせる戦略を取っている。「提供基盤データフィードバック型」のハイブリッド事例である。

図表65　3つのハイブリッドケース

【ハイブリッドケース①】 インターフェースとなる自社ハードを通じて自社を含む複数プラットフォームと接続できるアーキテクチャとしてハードの価値を高める（例：コニカミノルタ）

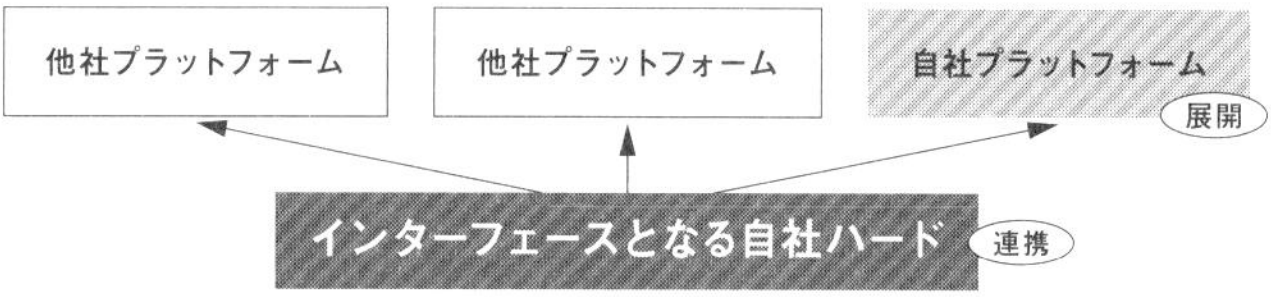

【ハイブリッドケース②】 PFの事業基盤となる製品・システムなどを提供し、そのデータを自社展開PFにフィードバックし価値を高める（例：トヨタ）

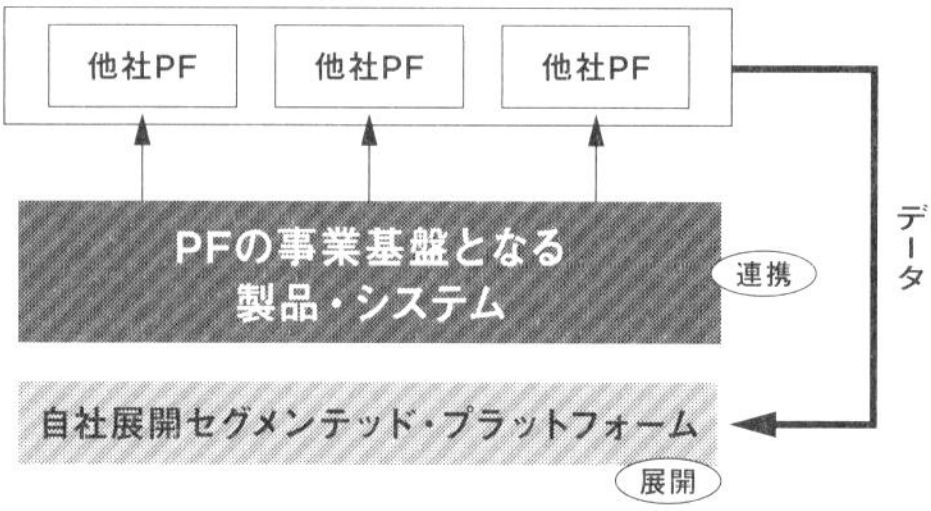

【ハイブリッドケース③】勝てる地域・領域において深掘りをしたセグメンテッド・プラットフォーム展開を行うと同時に、横展開・拡大のためにPFを活用する（例：アルムJoin 、 LIGHTz Xブレインズ）

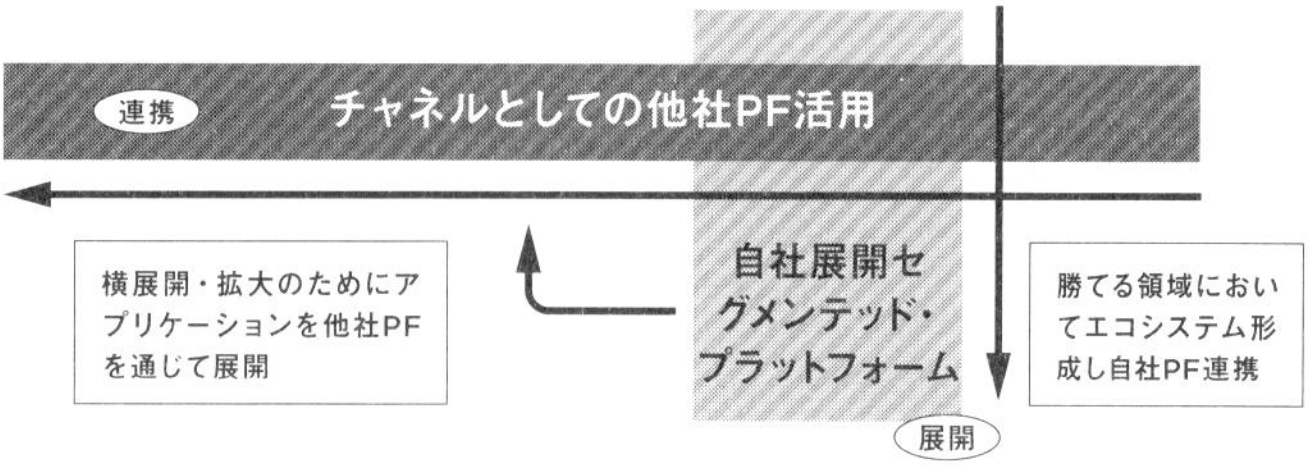

アルム「Ｊｏｉｎ」や、ＬＩＧＨＴｚ、Ｘブレインズは、勝てる地域・領域において深掘りしたセグメンテッド・プラットフォーム展開を行うと同時に、横展開・拡大のためにチャネルとしてプラットフォームを活用している。「Ｔ字使い分け型」のハイブリッド事例である。

一方、既存メガプラットフォーム企業も、他社へのアプリケーション提供を戦略的に同時に行っていることが一般的である。

たとえばクラウドプラットフォームのＡＷＳ／ＳＡＰ／アジュールなどは、クラウド自体では競合をしているものの、相互にパートナーとして連携している。具体的には、競合クラウドサービスで実行できるアプリケーションを相互のマーケットプレイスを通じて提供している。お互いに「机上で握手をしながら机下で蹴り合う」状況を、戦略的に生み出しているのである。

組み替えパターン②：複数プラットフォームとの並行連携

複数プラットフォーマーへ並行してアプリケーション提供を行い、ポートフォリオを分散・最大化している企業も存在する。たとえば、スマホのアプリケーションにおいては、ｉＰｈｏｎｅとアンドロイド双方に対応したアプリケーションを提供することが一般的に行われている。

これはスマホアプリに限らない。三松は設備シミュレーションアプリケーションの「スマッシュ」をダッソーとオートデスクの2つのプラットフォームを介して提供している。

組み替えパターン③：プラットフォーム間連携の実施

プラットフォーム展開においては、顧客・エコシステムとのネットワークや、データやアプリケーションなどの蓄積が重要となる。その観点から、プラットフォーム間で連携し、顧客チャネルやデータの共有化を図ることも有効な手段となる。

現在は191カ国まで展開が拡大している民泊プラットフォームのエアビーアンドビーも、立ち上げ期においてはコミュニティプラットフォームのクレイグリストの活用により利用者・掲載宿泊地のエコシステムを拡大したことで知られている。クレイグリストは50カ国に展開しているコミュニティ・取引サイトである。エアビーアンドビーの掲載が、同時にクレイグリストに投稿される仕組みを構築し、一気にユーザー・掲載宿泊地を拡大した。

日本の製造IoT領域においては、経済産業省と法政大学西岡靖之教授の協力のもと、ファナック／三菱電機／森精機など設備メーカーのIoTプラットフォームのデータ共有

図表66　ドイツのインターナショナル・データ・スペース

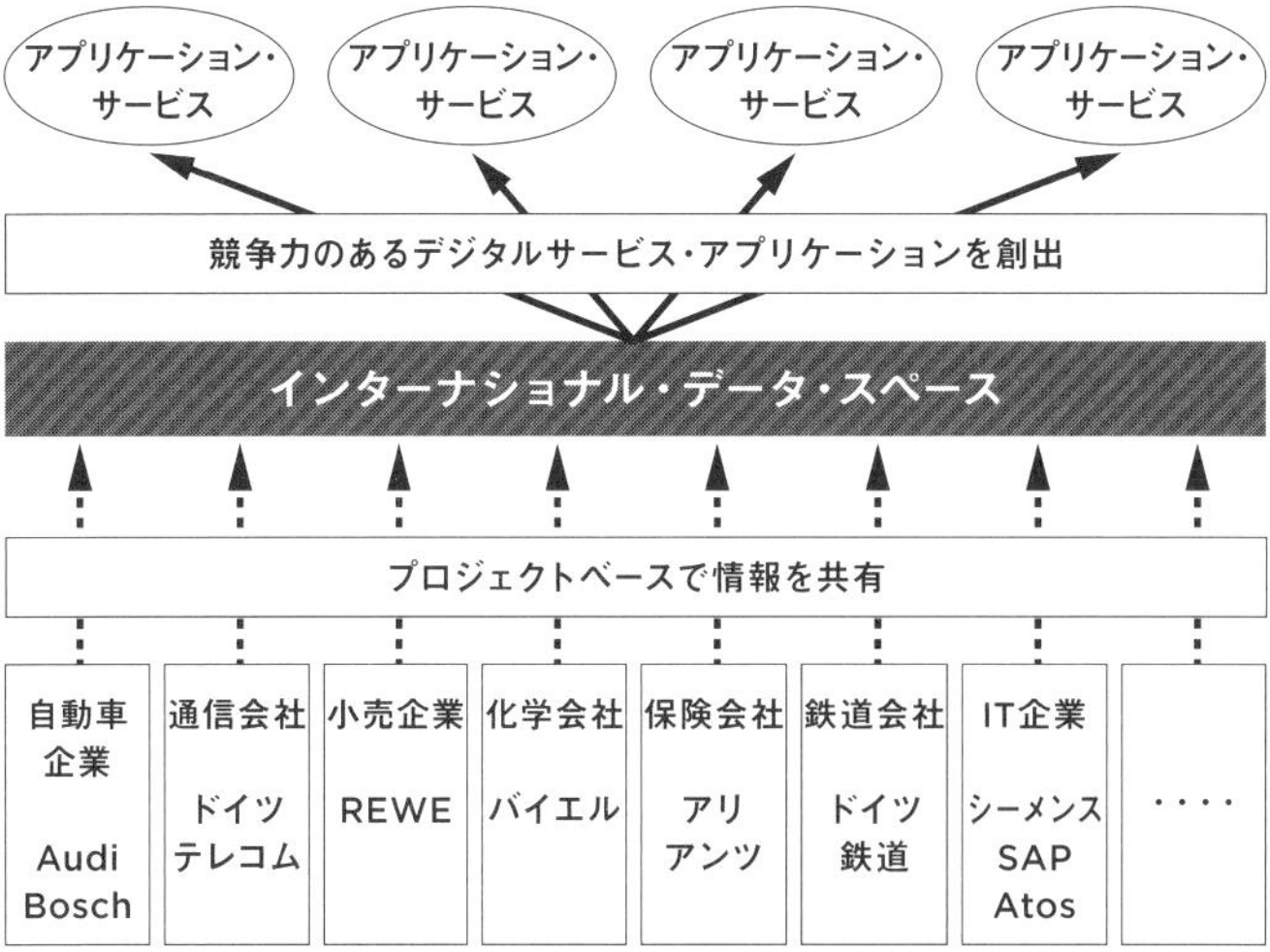

化に向けた議論が始まりつつある。

　海外ではさらに大きな動きが進んでいる。ドイツでは、幅広い産業におけるデータ標準化・共通利用と、それを通じた優れたサービスの開発に向けてインターナショナル・データ・スペース構想が進められている。ドイツのフラウンホーファー研究所がイニシアチブを取り、ボッシュ、アウディ、REWE（小売）、バイエル（化学）、アリアンツ（保険）など多くの企業が参画している構想であり、着々と議論が具体化しつつある。米国勢・中国勢と比較して一社あたりのデータ量で見劣りするドイツ勢が、競争力のあるサービスを生み出すために産官学の大規模な連携が行われているのだ。

ポイント④　既存機能活用・他社連携を前提とする

「デジタル技術」は本質ではない

本書で取り上げる先進事例に共通しているポイントは、本質はデジタル「技術」そのものではないということである。プラットフォーム展開やプラットフォーマーとの連携と聞くと、ＩＴ企業やＩＴリソース投入に力を入れている一部の企業以外は、尻込みしてしまうかもしれない。しかし、先行事例として紹介した企業が挙げる展開におけるポイントは、驚くほど「技術そのもの」に直接かかわるものが少ない。

トップのコミットメント、顧客ニーズの徹底した深掘り、自社独自のポジショニング、サービスとしての顧客の使いやすさ……どれも以前から重要視されてきたものばかりである。現状はデジタル技術そのものにフォーカスが当たりすぎてしまい、本質的な議論がなされる前に検討自体をあきらめてしまうことも多く、非常にもったいない。

日本は従来、自動車や家電メーカーのもとで、部品メーカーをはじめとした各種サプライヤーや地域の販売店による協力関係によるエコシステムを形成してビジネスを展開していた。農業においても、農協がプラットフォームの役割を果たして地域の農家を束ね、農作物の販売や、農機・肥料の共同購買を行うなど、幅広い関係者の協力関係・相互関係のもとでのエコシステム形成に強みを持ってきた。

それがデジタル技術とプラットフォームビジネスが関連づけて語られるようになったことで、「デジタル技術」そのものにフォーカスが当たりすぎてしまい、展開や検討そのものをためらったり、より大切な部分が十分に議論されないまま展開されていることにつながっているのではないだろうか。

デジタル領域での技術の変化は大きく、自社のみでの提供に注力してしまうと、技術革新のスピードに追いつけないリスクがある。自社で開発せずとも、既存のモジュールは相当安価に提供されつつある。

たとえばAI領域では顔認識技術もコモディティ化が進んでおり、顔認証のためのAIカメラはすでに数万円程度で販売されている。プラットフォーム展開や、サービス展開をするための機能も、AWSやアジュール、GCP、オプティムなどが機能提供をしており、それらを組み合わせることで展開が可能である。図表67に、本書で見てきた外部機能提供

図表67 本書に登場した既存他社機能の活用事例

活用機能カテゴリー例	既存機能活用事例(一例)
プラットフォーム基本機能	■ オプティムによる基本PF機能のOEM提供 ➢ 建設プラットフォーム「LANDLOG」
	■ AWSコア機能を活用したPF展開 ➢ パナソニック「ビューレカ」 ➢ フォルクスワーゲン・インダストリアル・クラウド
	■ アジュール・コア機能を活用したPF展開 ➢ 独BMW「Open Manufacturing Platform」
データストレージ	■ 各社AWS、アジュール、GCPなどのストレージを活用
IoTシステム	■ ソラコム(日)の提供するIoTプラットフォーム ■ AWSの提供機能であるIoT グリーングラスなど
AI	■ 各社既存モジュールを活用(コア部分は自社開発ケースも)
従量課金システム	■ アジュールなどの提供する機能 ■ Bplats(日)、ズオラ(米)が提供する機能

の事例を抜粋し、まとめている。

これらの機能の活用において、他社機能を活用する部分と、自社で注力すべきポイントは展開ステージによっても変化する。たとえば、とあるセグメンテッド・プラットフォーム企業は、展開初期はデータストレージに関してAWSなどの既存機能を活用し、自社はユーザーにとっての使いやすさの追求に注力していた。やがてビジネスが拡大するなかでデータ量が増え、解析におけるコスト負荷が大きくなったため、自社開発を検討しているプラットフォーム展開企業も存在する。それぞれのステージにおいて、いま自社は何に注力すべきなのかを見定め、リソースを集中投資するべき部分と、他社機能を徹底的に活用する部分の検討／見直しを続ける必要がある。

自前主義を捨てる

個別機能のみならず、IT／システム開発全体において支援・サポートを受けられる体制も整っている。既存のプラットフォーマーが、他社アプリケーションの実装を支援する動きが活発になってきているのである。プラットフォーマーにとって、個社の持っている具体領域での課題意識やノウハウは貴重である。各社に課題やアイデアを持ち込んでもらい、プラットフォーマー側が技術力とリソースを提供することで、積極的に共同開発を行っている。

陰山建設はＬＡＮＤＬＯＧのパートナー会に陰山社長のアイデアを持ち込んだところ、実現のためのＩＴ企業を紹介された。また現在、三井物産などのパートナーを紹介され、さらなるビジネス拡大への議論を進めている。

陰山社長は「プラットフォームとしてのＬＡＮＤＬＯＧがなければ、構想が実現することもなかった。ビジネス拡大に向けたパートナーも、既存のビジネスの延長線上では会うこともなかったであろう」と語っている。重要なのは何を実現したい（Ｖ：提供価値）と考え、誰と（Ｓ：エコシステム）、どのような形態（Ｐ：プラットフォーム展開／連携）でビジネスを「行いたいか」という意志なのである。

そのためには、今までの自前主義を改める必要がある。他社活用や、既存機能の活用を前提にビジネス展開を行うのだ。コニカミノルタのワークプレイス・ハブは、イノベーション創出拠点である英国のビジネスイノベーションセンターから生まれた。

当該センターにおいては、イノベーションを生み出すために「外部活用」がコアミッションとして定義されている。自社の生業である製造業ではなく、ＩＴ企業出身者でメンバーを構成するとともに、人員数においても制限を設けている。人員数の制限を設けることで、自社リソースで開発・検討を行うことに物理的な制限を設け、外部活用を前提に発想することを促しているのである。そのイノベーションセンターから他社プラットフォーム連携と、自社セグメンテッド・プラットフォーム展開のハイブリッドモデルが生まれている。日々接している現場や、顧客課題に対する解決策のアイデアがある企業は、積極的に外部と連携して、まずは仕組みを作り上げ、実証していくことが重要である。

プラットフォーム時代のビジネスモデルパートナー

最後にこれらの取り組みを支援する存在＝ビジネス・インテグレーターとしての野村総合研究所（ＮＲＩ）の取り組みを紹介したい。ビジネス・インテグレーターは、プラットフォーム時代におけるビジネスモデルの構想を支援するコンサルティング機能とともに、自社プラットフォーム展開、既存プラットフォーム連携において必要となるＩＴ技術・機能を最適に組み合わせて構築するインテグレーション機能を有している企業である。

ＮＲＩは、１９６５年設立のコンサルティング、シンクタンク、システム・インテグレーションを行う企業である。近年においては、ＤＸ（デジタルトランスフォーメーション）実行に向けて、プラットフォーム時代のビジネスモデル実現に向けた支援を行ってい

図表68　野村総合研究所のプラットフォームビジネス支援

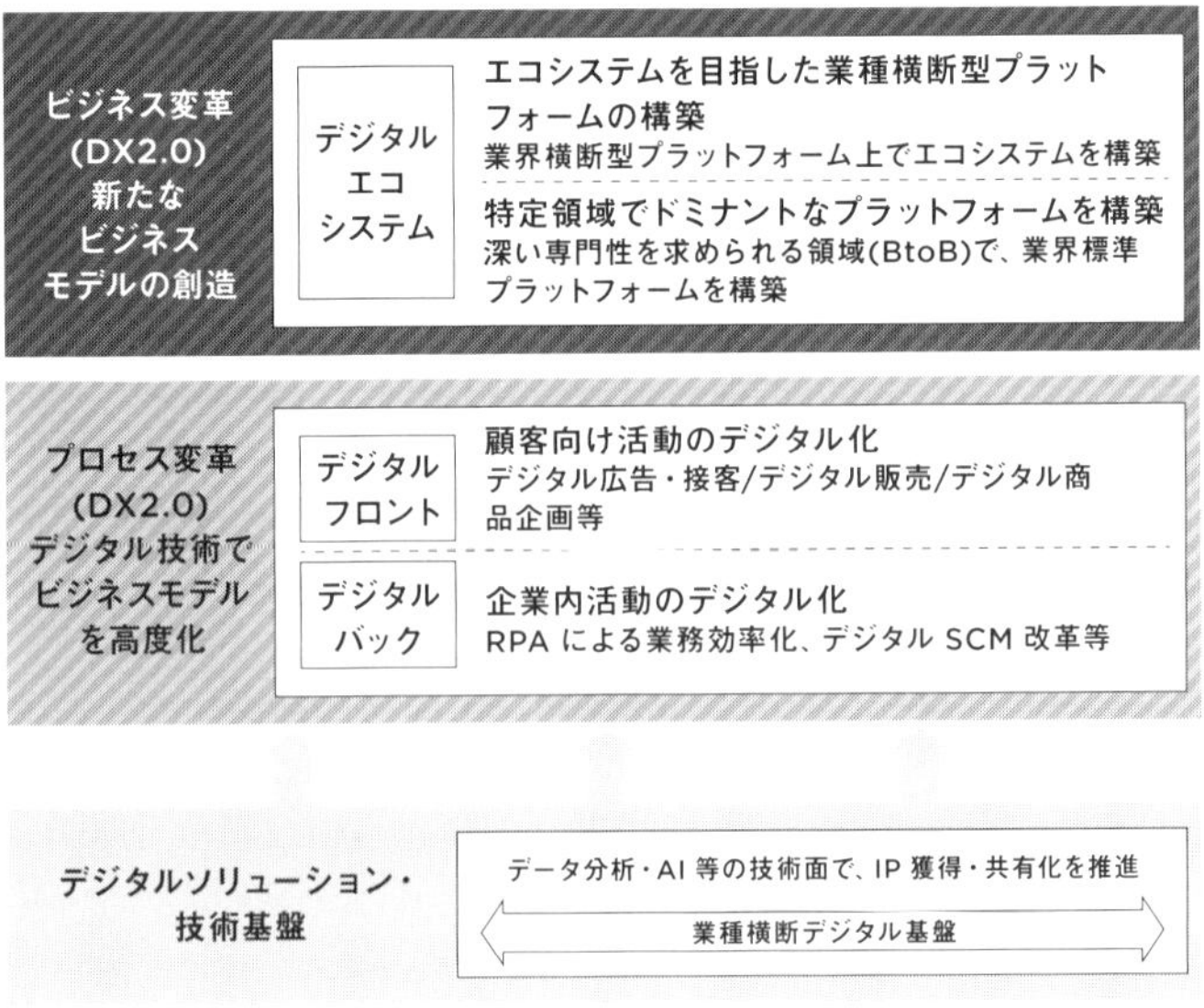

出所　https://www.nri.com/-/media/Corporate/jp/Files/PDF/journal/2018/NRI_journal_DX_2.pdf?la=ja-JP&hash=1427AE9312C95DED27FD4D60C4D5123B1B36186C c

る。市場環境／顧客ニーズの変化が激しく、日々新たな技術／ビジネスモデルが数多く生まれてくるなかで、企業のニーズや状況に合わせて最適な技術・機能を組み合わせて提案し、ビジネスモデル構築支援を行っている。

ビジネスモデル策定のコンサルティング／シンクタンクサービスとともに、顧客の課題に合わせたAWS、アジュール、GCPなどのプラットフォーム機能をはじめとした各種技術を組み合わせた最適提案・インテグレーションを行っている。NRIはクラウドサービスの黎明期から技術を取り入れ、企業への提案を行っている。このような複数クラウドを活用した支援ができる企業は非常に珍しい。セグメンテッド・プラットフォームのビジネスモデルやシステム構築を支援しているほか、プラットフォームと連携したサービスの構築などに取り組んでいる。

プラットフォーム時代のビジネスモデル支援の例として、日本航空（JAL）の「どこかにマイル」プロジェクトや、資生堂「Optune」プロジェクトを取り上げる。

JAL「どこかにマイル」

JALが2016年12月に開始した「どこかにマイル」は、同社のサイトに利用日と時間帯、人数を入力すると4つの候補地が表示され、その中から最終的な行き先が決まるサービスである。必要なマイルは往復6000マイルと通常の特典航空券に必要なマイルの半分であり、どこに行けるかわからないわくわく感を抱けることから人気を博し、2018年度のグッドデザイン賞も受賞している。

「どこかにマイル」はNRIからJALへの共同研究の打診から始まった。JAL側としても特典航空券サービスとして新しい需要や価値を生み出したいと考えていたタイミングであり、共同での取り組みがスタートした。月に1度の研究会を開催し、1年以上の期間をかけてアイデアの具体化を行っていった。NRIは市場調査を実施し、サービスのターゲットの明確化を行った。2015年秋には正式なプロジェクトが立ち上がり、アイデアを具体的なサービスに落とし込んでいくプロセスの設計とシステム開発をNRIが支援した。

プロジェクトには、JALのサービス部門とシステム部門、コールセンターなどの現場関係者、NRIのコンサルティング部門と、システム部門がチームとして組成された。当該サービスの構築においては「どこかにマイル」の仕組みには、NRIの保有する特許をもとにしたアルゴリズムとともに、AWS機能も活用された。「どこかにマイル」はJR四国やJR九州とも連携し、「マイルを活用した新たな旅行体験」という特定テーマにおけるセグメンテッド・プラットフォームとして展開している。

資生堂「Ｏｐｔｕｎｅ」

資生堂ジャパンは一人ひとりの肌に最適なケアを行うため、資生堂ジャパンのスキンケアシステムのＯｐｔｕｎｅを展開しており、そのシステムはＮＲＩが支援している。スマートフォンアプリを使って肌画像を取得して肌の状態を測定。そこに季節や気分などのコンディション情報や睡眠状態などを加味して、クラウド上のサーバーで分析する。長年蓄積してきた皮膚科学の知見をベースに、独自のアルゴリズムを用いて保湿液の最適な組み合わせと使用量を割り出し、それをユーザー宅に置かれた専用抽出マシンにリアルタイムに伝達する。マシンには個々人に合わせた5本のカートリッジがセットされ、8万通りを超えるパターンからその時々の肌環境に合わせたお手入れが実現できる。

「ワタシプラス」や「肌パシャ」などのシステム面を支援してきたＮＲＩが２０１８年３月に先行販売したβ版の段階からプロジェクトに参加し、システム開発なども担当。また、同社初となるサブスクリプションサービスの導入や、パートナーとの連携、要件の具体化、データ分析などの支援を行っている。

先述のとおり、日本は本来、たとえば農業における農協や、製造業におけるケイレツ・すり合わせなど、他社との相互連携によるビジネス展開や、エコシステムづくりを強みとしてきた。現在世界中で行われているプラットフォームビジネスは、本来日本企業が強みとして持っていることが、デジタル技術によって、よりスピーディにグローバルで行われていることであると考えている。

デジタル技術への苦手意識や、世界に先駆けたモバイルプラットフォームであった「iモード」をグローバル展開しきれなかったこと、世界的シェアを持っていた音楽プレイヤーのウォークマンがアップルの音楽配信プラットフォームのiTunesおよびiPhoneに一気にポジションを奪われてしまったことなど、プラットフォームビジネスにおける苦い経験があるのは確かだ。しかし、自ら過度にハードルを上げてしまい、本来強みを持つはずの取り組みに躊躇し、遅れてしまうとすれば、非常にもったいないことである。

一度方向性が定まったあとの日本企業のスピード感には、目を見張るものがある。デジタル時代においても、展開するうえでのロールモデルやきっかけがあれば、日本の産業が再び競争力を持つことは十分に可能であると考える。それは本書で紹介した先進企業が果敢にチャレンジし、新たな価値を生み出していることを見れば、その可能性を感じていただけると思う。日本企業がプラットフォーマー時代の事業戦略を検討するにあたって、本書が少しでも示唆を与えることができれば幸いである。

本書はさまざまな方々のご支援のもと、刊行することができた。まず、本書の企画・編集・執筆をご支援いただいた日本経済新聞出版社の赤木裕介様に感謝申し上げる。そして、多忙ななか、ヒアリングやディスカッションにご協力くださった企業の皆様に御礼を申し上げたい。

［取材にご協力いただいた方（企業名50音順）／所属は取材当時］

- Agribuddyの北浦健伍様
- アリババジャパンの田中豊人様、松下英明様、松沢しゃん様
- アルムの坂野哲平様、瀧川英里奈様
- イオンモールの礒部大将様、宮入貴子様、原田剛様
- オプティムの山本大祐様、村上健様

- 陰山建設の陰山正弘様、菅野智絵様
- クックパッドの住朋享様、福崎康平様、牛山マーティン様
- Groovenautsの最首英裕様、金田裕美様
- Global Mobility Serviceの中島徳至様、大久保祐介様、深田春佳様
- コニカミノルタの高山典久様、土井文子様、森裕晃様
- 三松の田名部徹朗様
- シーメンスの角田裕也様、今村雅子様
- テラドローンの徳重徹様
- ファームノートの本多壮一郎様、鈴木大樹様
- LIGHTzの乙部信吾様、河崎雄介様、野末馨様
- リンカーズの前田佳宏様

加えて、執筆に際してご協力いただいた以下の皆様にも御礼を申し上げたい。多忙ななか、内容にコメントをいただいたり、議論を通じて幅広いアイデア・視点を得ることができた。特に西川貴氏からは多忙ななか何度も内容のブラッシュアップに多大なるアイデア・意見をいただき感謝申し上げたい。また、本企画はNRI刊行物である「知的資産創

造」の連載をきっかけとしている。「知的資産創造」関係者の皆様に御礼を申し上げたい。

［NRI社内で執筆にあたりご協力いただいた方］（50音順）
淺桐祐、新井朗、岡崎啓一、川村広人、佐藤修大、重田幸生、瀬戸優花子、田中雄樹、西川貴、原田直樹、坂智一、藤野直明、北條学男、間島大介、松林一裕の各氏

［執筆にあたりご協力いただいた方］（敬称略／50音順）
岩田彩、金井慎一郎、木村直樹、鈴江智彦の各氏

取材にご協力くださった皆様は、プラットフォーム時代のビジネスモデルを試行錯誤している「同志」として読者の方々のヒントになり、少しでも日本の産業界が盛り上がるきっかけになればと、ご多忙のなか、時間を調整し議論に応じていただいた。その思いに触れるたびに、著者としても改めて気が引き締まる思いであった。

本書は数々の方のご協力がなければ実現し得るものではなかった。改めて、今回の出版にご協力をいただいた方、出会った方とのご縁に感謝するとともに、執筆中数々の協力を

してくれた妻と3歳になったばかりの息子に感謝し、筆をおくこととしたい。

2020年1月

著者を代表して　小宮昌人

小宮昌人
Komiya Masahito

野村総合研究所　グローバル製造業コンサルティング部コンサルタント

1989年生まれ。専門はデジタル化・プラットフォーム戦略、IoT・インダストリー4.0対応支援、イノベーション創出支援、グローバル事業戦略、M&A戦略など。製造業DX・インダストリー4.0対応・プラットフォーム戦略に関する論文・講演など多数。これらの領域における民間企業へのアドバイザリーや、国内外の省庁などとの連携を積極的に行っている。

楊皓
Yang Hao

野村総合研究所　グローバル製造業コンサルティング部コンサルタント

1990年生まれ。専門はグローバル事業開発、新興国の参入支援、スタートアップ立ち上げ支援など。これまで素材・化学・製薬・自動車業界向け業務に従事。

小池純司
Koike Junji

野村総合研究所　グローバルインフラコンサルティング部プリンシパル

1977年生まれ。専門は新興国市場向け事業戦略、参入支援など。

日本型プラットフォームビジネス

2020年1月24日　1版1刷

著者　小宮昌人
楊皓
小池純司

発行者　金子豊

発行所　日本経済新聞出版社
東京都千代田区大手町1-3-7　〒100-8066
https://www.nikkeibook.com/

ブックデザイン　新井大輔

本文DTP　朝日メディアインターナショナル

印刷・製本　三松堂

ISBN978-4-532-32309-7　Printed in Japan